はじめての言語獲得

杉崎鉱司
Koji Sugisaki

はじめての言語獲得

普遍文法に基づくアプローチ

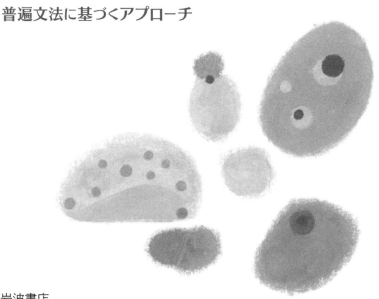

岩波書店

は じ め に

　本書は，幼児による言語知識（より正確には，母語知識）の獲得に関する研究の入門書である。母語獲得に関する研究の入門書と聞くと，幼児の話すことばに含まれる音声や語彙の特徴，幼児が発話する文における語の並び順やそれらに伴う意味，幼児の発話に見られるさまざまな種類の誤り，幼児が発話を行う際の動作や表情，まわりの大人が幼児に話しかける際の特徴など，非常に多岐にわたるトピックに関して基本的な観察を整理した本を想像されるかもしれない。本書は，そのようなトピックの大部分を扱うことなく，ある1つの研究課題に焦点を絞り，その研究課題を扱った事例を数多く紹介するという形式を持った，やや異質の入門書である。上記のような広範なトピックを扱う入門書を想像された方にとっては期待外れかもしれないが，議論のポイントを狭く限定して研究事例を数多く扱うことにより，本書で取り上げた母語獲得研究が何を目指し，何を明らかにしてきたのかが非常に明確な形で理解できるようになっている（はずである）。ここで本を閉じてしまうことなく，ぜひ最後まで読み進めていただき，母語獲得研究の本当のおもしろさを理解していただけたらと思う。

　本書で中心的に扱う課題について説明しておきたい。母語獲得研究とは，なぜ幼児は母語の知識を獲得できるのか，そしてどのようにその知識を獲得していくのかを明らかにすることを目指す学問分野のことを指す。母語獲得研究をこのように位置づけた場合，その研究を堅実にそして有意義に進めていくためには，ある程度，母語の獲得が開始される時の知識の状態に関する知見，そして母語の獲得が達成された時の知識の状態に関する知見をあらかじめ手に入れておく必要があると考えられる。これらの知見を与えてくれるのが，ノーム・チョムスキー（Noam Chomsky）によって創始された生成文法理論と呼ばれる言語理論である。生成文法理論は，ヒトという生物種に遺伝により生まれつき与えられている母語獲得のための仕組み（「普遍文法」と呼ばれる）が存在すると仮定し，成人の持つ母語知識を詳細に分析・比較することを通して，普遍文法に含まれる属性の解明に取り組んでいる。本書で扱う中心的課題は，「実際の母語獲得過程における普遍文法の関与」であり，ここで議論される研究事例はいずれも，普遍文法が母語獲得を支える一要因として機能しているか否かを，さまざまな言語現象の獲得を

対象に検討を行ったものである。したがって，本書を通して読むことにより，普遍文法の存在に対する母語獲得からの証拠が何であるかを，まとまった形で理解することができるようになっている。

　普遍文法の属性として提案されている制約の多くが，主に文の構造を対象としたものであるため，本書で議論される研究事例は，文に対する構造的な制約の獲得にほぼ限定されている点をあらかじめご理解いただきたい。また，十分な理解を伴って事例を提示できるようにという思いから，筆者自身の行った研究についてできる限り多く言及するように心がけており，その理由から，筆者が過去に執筆した以下の解説的論文と，内容の上で一部重複があることもあらかじめご了承いただきたい。

杉崎鉱司．2006．「言語獲得」大津由紀雄・波多野誼余夫・三宅なほみ(編著)『認知科学への招待2』研究社

杉崎鉱司．2009．「言語獲得のメカニズムをさぐる」大津由紀雄(編著)『初めて学ぶ言語学——ことばの世界をさぐる17章』ミネルヴァ書房

杉崎鉱司．2010．「母語獲得」遊佐典昭(編)『言語と哲学・心理学(シリーズ朝倉〈言語の可能性〉9)』朝倉書店

　本書は全部で15章からなり，各章の終わりには練習問題がつけられている。本書はもちろん自分で読み進めるだけで確かな理解が得られるような明示的な説明を提示しているが，一方で，大学の授業における教科書としての使用を考慮に入れた構成となっている。15章という構成は，大学の授業において，毎週1章ずつ取り上げていくと，ちょうど1学期で議論を終えることができるという考慮に基づくものである。また，各章はおよそ10ページ程度とそれほど長くはないが，練習問題を課題として与え，次回の授業のはじめにその課題に関する議論を行ったうえで新たな章の内容に進んでいくという授業形式を採用すると，(筆者の経験では)だいたい90分程度の時間が必要となってくる。本書の理解を通して，母語獲得研究に関心を持つ学生が一人でも増えてくれれば，筆者としてこれ以上の幸せはない。

　自身の学生時代に思いを馳せると，筆者が本書で議論されているような母語獲得研究の道に進むきっかけをつくってくださったのは，梶田優先生による言語理論に関する講義と，大津由紀雄先生による言語獲得研究に関する講義であった。そして，留学先でのWilliam Snyder先生の指導により，研究者としての礎を築

くことができた。梶田先生・大津先生・Snyder 先生との出会いがなければ，本書は存在していなかったはずであり，この場を借りて先生方のご指導に深くお礼を申し上げたい。また，本書の内容は，三重大学および南山大学における学部生を対象とした言語獲得に関する授業に基づくものであり，そのような授業を行う機会を与えてくださった三重大学の綾野誠紀先生・澤田治先生・服部範子先生・吉田悦子先生，および南山大学の斎藤衛先生・村杉恵子先生に心から感謝を申し上げる。

　本書の出版に際し，岩波書店自然科学書編集部の浜門麻美子さんには数多くの励ましと丁寧なコメントおよび建設的なアドバイスをいただいた。記して，感謝したい。

　最後に，私事で恐縮ではあるが，研究者になるまでの生活を支えてくれた両親と，執筆への活力を与え続けてくれた妻と息子に感謝の意を表したい。

2015 年 9 月

杉 崎 鉱 司

目　　次

はじめに

第1部　はじめての言語獲得研究：基本的仮説

第1章　母語獲得とそれを支える生得的な仕組み……………………………… 2

1.1　母語の知識とその種固有性・種均一性　2

1.2　母語知識の獲得とプラトンの問題　4

1.3　言語の普遍性と普遍文法　7

1.4　普遍文法に基づく母語獲得研究　9

第2部　言語獲得における UG 原理の早期発現

第2章　文の階層性 ……………………………………………………………… 12

2.1　英語・日本語の他動詞文が持つ構造　12

2.2　UG 原理からの母語獲得への予測　17

2.3　幼児日本語における他動詞文の階層性①　18

2.4　幼児日本語における他動詞文の階層性②　19

2.5　本章のまとめ　21

第3章　構造依存性 ……………………………………………………………… 23

3.1　英語・日本語における構造依存性　23

3.2　UG 原理からの母語獲得への予測　28

3.3　幼児英語における yes/no 疑問文の構造依存性　29

3.4　幼児日本語における数量詞遊離の構造依存性　30

3.5　本章のまとめ　32

第4章　移動に対する制約 ……………………………………………………… 34

4.1　英語・日本語における移動とその制約　34

4.2　UG 原理からの母語獲得への予測　37

x──目　　次

4.3　幼児英語における移動の制約　38

4.4　幼児日本語における移動の制約　40

4.5　本章のまとめ　44

第5章　*wh* 疑問文に対する制約 ……………………………………………… 46

5.1　英語・日本語における *wh* 疑問文とその制約　46

5.2　UG 原理からの母語獲得への予測　49

5.3　幼児英語における WH の島制約　50

5.4　幼児日本語における WH の島制約　52

5.5　本章のまとめ　55

第6章　「なぜ」に対する制約 …………………………………………………… 57

6.1　日本語の「なぜ」・英語の why とその制約　57

6.2　UG 原理からの母語獲得への予測　61

6.3　幼児日本語における「なぜ」に対する制約　61

6.4　本章のまとめ　65

第7章　スルーシングに対する制約 …………………………………………… 67

7.1　英語・日本語のスルーシングとその制約　67

7.2　UG 原理からの母語獲得への予測　70

7.3　幼児日本語におけるスルーシングに対する制約　71

7.4　本章のまとめ　75

第3部　言語獲得におけるパラメータの関与

第8章　言語の異なり方を司る生得的な仕組み：パラメータ …………… 78

8.1　UG 原理の早期発現：残された問い　78

8.2　言語の異なり方を司る生得的な仕組みの必要性　80

8.3　パラメータから母語獲得への予測　84

第9章　空主語現象 ……………………………………………………………… 88

9.1　英語獲得に見られる空主語現象　88

9.2　空主語パラメータに基づく説明　89

目　次——xi

9.3　空主語パラメータからの英語獲得への予測　91

9.4　幼児の持つ文処理能力に基づく代案　92

9.5　幼児の母語知識に基づく説明からのさらなる反論　94

9.6　本章のまとめ　96

第10章　medial-*wh* 疑問文 ·· 98

10.1　英語獲得に見られる medial-*wh* 疑問文　98

10.2　*wh* 移動を司るパラメータ　101

10.3　*wh* 移動を司るパラメータからの英語獲得への予測　103

10.4　幼児英語を対象とした medial-*wh* 疑問文と
that-trace 効果に関する実験　104

10.5　本章のまとめ　106

第11章　関係詞節 ·· 108

11.1　日本語獲得に見られる「の」の過剰生成　108

11.2　関係詞節の構造を司るパラメータ　111

11.3　関係詞節の構造を司るパラメータからの
日本語獲得への予測　114

11.4　幼児日本語を対象とした付加詞を修飾する
関係詞節の解釈に関する実験　116

11.5　本章のまとめ　119

第12章　名詞複合 ·· 120

12.1　名詞複合を司るパラメータ　120

12.2　名詞複合を司るパラメータからの母語獲得への予測　123

12.3　英語における verb-particle 構文の獲得　124

12.4　日本語における結果構文の獲得　125

12.5　本章のまとめ　128

第13章　前置詞残留 ·· 130

13.1　*wh* 疑問文における前置詞残留現象　130

13.2　前置詞残留現象を司るパラメータ　131

13.3　前置詞残留現象を司るパラメータからの英語獲得への予測　133

xii——目　次

13.4　英語における前置詞残留現象と前置詞埋め込み構文の獲得　　134

13.5　英語における前置詞残留現象と二重目的語構文の獲得　　137

13.6　本章のまとめ　　139

第14章　項省略 ……………………………………………………………………… 141

14.1　日本語・韓国語における項省略　　141

14.2　項省略を司るパラメータ　　144

14.3　項省略を司るパラメータからの日本語獲得への予測　　146

14.4　日本語における項省略の獲得　　148

14.5　本章のまとめ　　150

第4部　言語獲得研究のこれまでとこれから

第15章　普遍文法に基づく言語獲得研究のこれまでとこれから ……… 154

15.1　普遍文法に基づく母語獲得研究のこれまで　　154

15.2　原理とパラメータのアプローチから極小主義への変遷と
　　　これからの母語獲得研究　　158

15.3　極小主義の分析に基づく獲得研究の事例：
　　　助動詞 do の誤りに関して　　161

15.4　普遍文法に基づく母語獲得研究：まとめ　　165

引 用 文 献　167
索　　引　173

表紙画 = 武藤良子

第 1 部

はじめての言語獲得研究：
基本的仮説

第1章 母語獲得とそれを支える生得的な仕組み

本章のポイント

✓ 母語の知識とその獲得に関する研究が，人間のこころの研究において重要視されるのはなぜだろうか。

✓ 母語の獲得を支える生得的な仕組みが存在すると仮定する根拠は何だろうか。

1.1 母語の知識とその種固有性・種均一性

我々人間は，生まれてから一定期間，まわりの人々から与えられる言語の情報に触れることによって，自然に言語の知識を身につけることができる。このプロセスは**言語獲得**あるいは**母語獲得**と呼ばれる。また，このように自然に身につけた言語の知識を**母語知識**と呼び，日本語を母語とする人を**日本語の母語話者**と呼ぶ。

母語の知識は，重大な神経機能障害を持って生まれてきた場合や，生後まわりの人々から与えられるべき言語の情報を剥奪されてしまった場合などの特殊な状況を除き，人間が必ず自然に獲得できるものである。この点において，楽器を演奏する技術のような，身につける際に意識的な努力を必要とし，かつ身につけられるか否かに個人差が生じうる能力とは大きく異なっている。ヒトという(生物)種に生まれさえすれば，必ず母語の知識を身につけることができるという特徴のことを，母語知識の**種均一性**(species-uniformity)と呼ぶ。

人間は，母語の知識を用いて，他者とのコミュニケーションをとることができる。同様に，他の動物にも，他個体とのコミュニケーションを可能にする手段を持つ種が存在する。例えば，Cheney & Seyfarth (1990)などの報告によると，南米に生息するベルベット・モンキーと呼ばれる小型の霊長類は，ワシ・ヒョウ・

ヘビという3種類の天敵それぞれに関して，異なった警戒音を発することが知られている。ある個体がワシの警戒音を発した場合，それを聞いた他の個体は空を見上げ，茂みの中に身を潜めるという行動をとる。ヒョウの警戒音が発せられた場合には，他の個体は木に登る行動をとり，ヘビの警戒音が発せられた場合には，足元を見渡すという行動をとる。他の動物が持つこのようなコミュニケーション手段と，ヒトという種の持つ母語の知識は，果たして本質的に異なるものなのだろうか。

　この点について理解するために，「大きい犬と猫」という表現を考えてみよう。日本語の母語話者は，この表現を見たり聞いたりした際，2通りの解釈を与えることができる。1つは，「大きい犬と大きい猫」という解釈で，もう1つは，「大きい犬と，（大きさについては言及されていない)猫」という解釈である。1つの表現がこのように2通りの解釈を持つことができるのは，「大きい」「犬」「と」「猫」という4つの語が同じ順序で組み合わさる際に，(1)と(2)に示したような2通りの階層的な**構造**を持つことができることによると考えられる。

(1)の構造では，「大きい」は「犬と猫」というまとまりと結びついているため，この構造からは「大きい犬と大きい猫」という解釈が得られる。一方，(2)の構造では，「大きい」は「犬」とのみ結びついているため，この構造からは，「大きい犬と，（大きさについては言及されていない)猫」という解釈が得られる。

　ヒトの持つ母語知識は，「大きい犬と猫」という表現が示す多義性から推測されるように，表現に階層的な構造を与えると考えられる。一方，これまでにわかっている範囲では，ベルベット・モンキーの警戒音を含め，他の動物が持つコミュニケーション手段において，階層的な構造が存在することを示す明らかな証拠は得られておらず，そのような構造は欠如していると考えた方がよさそうである。そうであるならば，ヒトの母語知識と他の動物が持つコミュニケーション手段は質的に異なっており，階層的な構造を与えることのできるヒトの母語知識はヒトという種に固有であると考えられる。このように，ヒトの母語知識にのみ観察さ

れるという特徴のことを，母語知識の**種固有性**(species-specificity)と呼ぶ。

再び「大きい犬と猫」という表現に戻ると，この言語表現の多義性が示していることは，我々は，目や耳などの知覚器官を通して取り込んだ情報に対して，内的な処理を行うことにより，1つの表現に対して2通りの解釈を与えているということである。このように，外界との情報のやりとりを支える内的な仕組みのことを**こころ**(mind)と呼ぶ。母語知識は，視覚の仕組みなどと同様に，こころの一部を成す仕組みであり，それを研究することは，ヒトのこころの仕組みと発達過程を明らかにするための取り組みにほかならない。加えて，上記で議論したように，母語知識は種均一性および種固有性という特徴を持つために，ヒトのこころの仕組みと発達過程を明らかにする研究において，非常に重要な役割を担っていると考えられている。母語知識の研究を通してヒトのこころの性質と発達過程を明らかにしようとする言語理論は，**生成文法理論**(theory of generative grammar)と呼ばれる。生成文法理論は，ノーム・チョムスキー(Noam Chomsky)によって提唱され，多くの研究者によって現在もその発展が支えられている。

1.2　母語知識の獲得とプラトンの問題

種均一性および種固有性という重要な特徴を持つ母語の知識を，我々人間はどのようにして獲得するのだろうか。

母語知識の獲得には，生後に外界から与えられる言語の情報(これを**言語経験**と呼ぶ)が不可欠であることは明らかな事実と言える。その1つの証拠は，何語の知識を母語として獲得するかは，後天的に決定されるものであり，例えば，両親がいずれも日本語の母語話者であったとしても，生後の一定期間，英語が話されている文化圏で育つと，母語は英語になるという観察である。この観察から，何語の言語経験も与えられなかった場合には何語の知識も獲得されないということがわかる。

もう1つの証拠は，まわりの人々から言語経験を得ることができなかった不幸な事例の存在である。そのような事例の1つは，Curtiss (1977)が詳しく報告している，ジーニー(Genie)という仮名の女の子である。ジーニーは，病弱な母親と異常な性格の父親の間に生まれ，13歳の時に救出されるまで，小さな部屋に監禁され，必要最低限の食事を与えられるだけの状態であった。救出された後，心理学者・言語学者・臨床医などの協力のもと，かなりの回復を見せたが，健常

者と同程度に母語を操ることができるようにはならなかった。このような例外的な事例も，母語獲得における言語経験の必要性を裏づける証拠と言える。

　では，果たして，言語経験に加えて，どのような仕組みの存在を仮定すれば，人間が母語を獲得できるという事実に対して自然な説明を与えることができるであろうか。

　この仕組みが，幼児が手にする言語経験の中に現れた表現を単に蓄積していくものである可能性は非常に低いだろう。なぜなら，幼児の発話の中には，大人の言語知識に照らして誤っている表現が一定期間にわたって現れるということが起こるからである。例えば，英語の獲得においては，(3)に例示される誤りが生じることが観察されている。

（3）　a.　No lamb have it. (2 歳 0 か月の幼児の発話; Déprez & Pierce 1993)
　　　　b.　Why you are going in that one? (3 歳 2 か月の幼児の発話; Thornton 2008)

(3a)は，"Lamb doesn't have it." といった否定文に相当する意味を表す際に，文頭に no を置くという誤りであり，(3b)は，why 疑問文において，be 動詞や助動詞を主語の前に置く操作を行っていないことから生じた誤りである。

　日本語の獲得においても同様に，大人の言語知識に照らして許されない表現が観察される。

（4）　a.　あくない(2 歳 8 か月の幼児の発話; Sano 2002)
　　　　b.　おさかなたべてるのワンワ(2 歳 6 か月の幼児の発話; Murasugi 1991)

(4a)は「開かない」を意味する表現であり，(4b)は「お魚を食べているワンワン(犬)」を意味する表現である。(4a)では，「ない」が付加されているにもかかわらず動詞を未然形にしていない誤りであり，(4b)は「ワンワ」を修飾する関係詞節の後に「の」を挿入するという誤りである。

　これらの表現は，大人が用いる表現ではないので，幼児がこのような発話を一定期間にわたって行うということは，幼児が単に言語経験に現れた表現を蓄積することで母語知識を形成しているわけではないことを示唆する。言語経験に観察されない表現を幼児が自ら生み出しているということから，母語獲得において重要な役割を果たしているのは，幼児のこころにおさめられた内的なメカニズムで

6——第1部　はじめての言語獲得研究：基本的仮説

あると考えられる。

　では，母語獲得において重要な役割を果たす内的なメカニズムとはいったいど
のようなものと考えられるだろうか。

　この内的メカニズムが，母語知識に限定されない知識一般の獲得に関与するプ
ロセスを行う仕組みである，という可能性を検討してみよう。このような仕組み
の1つに，**類推**(analogy)がある。類推とは，「似ている点をもとにして，これま
でに経験したある現象に基づく情報を，別の現象へと適用する」というプロセス
を指す。たとえば，5月と6月の最初の週の英語の授業でテストが行われたとい
う経験を持つ大学生が，7月が近づいてきた際に，「7月の最初の週にテストが
ある」と考えるのがその具体例の1つである。我々が獲得した母語知識がこのよ
うな類推の操作から生じているか否かを考えるために，(5)と(6)のような日本
語の文について考えてみよう。

（5）　a.　ケンがその本を買ったよ。
　　　　b.　ハナコは［ケンがその本を買った］と思った。
（6）　a.　ケンが買ったよ，その本を。
　　　　b.　*ハナコは［ケンが買った，その本を］と思った。

(5a)は主語─目的語─動詞の語順を持つ文であり，(6a)は主語─動詞─目的語の
語順を持つ文である。日本語を母語とする成人話者にとっては，(5a)の語順を持
つ文を動詞の目的語位置に埋め込んだ(5b)のような文は可能な文であるが，
(6a)の語順を持つ文を埋め込んだ(6b)のような文は，母語知識に照らして許さ
れない文となってしまう。（文頭の * は，その文が母語話者にとって許容できな
い文であることを示す。）もし母語獲得が，生後外界から取り込まれる言語経験
に対して類推を適用することによって達成されているのであれば，1つの可能性
として，日本語を母語とする幼児が(5)にある2つの文を言語経験として取り込
んだ際に，「埋め込まれていない文において可能な語順は埋め込まれた文におい
ても可能である」という情報を導き出し，それを(6)に対して適用するというこ
とが起こりうる。つまり，(6a)が可能であるという情報を取り込んだ際に，この
ような類推によって，(6b)も可能な文であるという知識を持つことになった母
語話者がいてもよいはずである。しかし，このような予測とは異なり，日本語の
母語話者であれば誰でも，(5)および(6a)は可能な文であるが，(6b)は非文法的
な文であるという知識を持つ。日本語の母語話者がみな(5b)と(6b)の文法性に

おける違いを認識できるという観察は，母語知識の獲得が類推のみによって支えられているという可能性を否定する事実の1つと言えるだろう。

　上記の観察から，母語知識の獲得は，言語経験を蓄積することのみによって，あるいは言語経験に対して類推のような比較的単純な操作を適用することのみによって達成されているわけではないことがわかる。つまり，獲得された母語知識の中には，言語経験から直接導き出されたとは考えられないような複雑で抽象的な性質が含まれていると言える。このように，入力としての言語経験と出力としての母語知識との間に質的な差が存在する状況は**刺激の貧困**(poverty of the stimulus)と呼ばれる。母語獲得は刺激の貧困という状況が存在するにもかかわらず可能であるため，果たしてそれがなぜなのかという興味深い問題が生じ，この問題は**言語獲得の論理的問題**(the logical problem of language acquisition)と呼ばれている。この名称は，母語知識の獲得が実際にどのような過程を経て達成されるのかという**言語獲得の発達的問題**(the developmental problem of language acquisition)との対比に基づく名称である。言語獲得の論理的問題には，**プラトンの問題**(Plato's problem)という別名があるが，これはソクラテスが幾何学の経験を持たない召使いの少年に幾何学の基本原理に関する知識があることを明らかにする，プラトンの対話篇『メノン』に含まれている対話に基づいている。

　母語獲得に関与する内的なメカニズムは，このプラトンの問題に対して答えを与えることができるものでなければならない。そのような内的メカニズムとして，どのようなものが考えられるだろうか。

1.3　言語の普遍性と普遍文法

　さまざまな個別の言語に関するこれまでの研究成果は，表面上の相違にもかかわらず，どの言語にも見られる普遍的な属性が存在することを明らかにしている。このような普遍的な属性には，大きく分けて2種類ある。1つの種類は，観察しうる限り，すべての言語において具現されているような普遍性(絶対的普遍性)で，例えば，語と語を結びつけてより大きなまとまりを作り出し，その過程には際限がないといった属性がそれに相当する。日本語の例を(7)にあげる。

（7）　a.　大きい＋犬
　　　　b.　［大きい犬］＋が

c. ［大きい犬が］＋吠えた
d. ［大きい犬が吠えた］＋時
e. ［大きい犬が吠えた時］＋に
　……

　もう1つの種類の普遍性は，Greenberg (1963)による研究に代表される，「Xという属性を持つ言語はYという属性も持つ」といった含意(implication)の形で述べられる普遍性(含意的普遍性)である。例えば，「主語―目的語―動詞という基本語順を持つ言語は，後置詞型の言語である」といった普遍性がそれにあたる。
　1.1節で言及した生成文法理論では，このような普遍性が存在するのは偶然によるものではなく，そのような普遍性をもたらす母語獲得のための内的メカニズムが遺伝によりヒトに先天的に与えられているからであると考え，普遍性に対して生物学的な意味づけを与えている。この先天的な内的メカニズムは**普遍文法** (Universal Grammar; UG)と呼ばれる。つまり，生成文法理論では，遺伝によりヒトに生得的に与えられたUGが，獲得可能な言語に対して一定の制約を課しており，母語獲得は，このような働きを持ったUGと，生後外界から取り込まれる言語経験との相互作用によって達成される，と考えられている。このモデルを図示したのが(8)である。

（8）　生成文法理論の母語獲得モデル

　母語獲得が生得的なUGによって支えられているという仮説は，UGが抽象的かつ豊富な内容を含んでいると考えることにより，前節で議論した「母語獲得は刺激の貧困という状況があるにもかかわらず，なぜ可能なのか」というプラトンの問題に対して答えを与えることができる。さらに，この仮説によれば，ヒトには遺伝情報の一部としてUGが与えられており，それゆえヒトはみなUGを持って生まれてくることになるので，なぜヒトに生まれると誰もが母語知識を獲得できるのか，という点(つまり母語知識の種均一性)が説明されることになる。また，UGがヒトの遺伝情報のみに含まれていると仮定することで，なぜヒトの母語知識にのみ観察される属性が存在するのか，という点(つまり母語知識の種固有性)

に対しても説明を与えることが可能となる。UG がヒトに均一に与えられており，かつヒトに固有の情報を含んでいる上，その仕組みが母語獲得を支えているために，結果として母語知識は種固有性・種均一性という特徴を持つことになる。

1.4　普遍文法に基づく母語獲得研究

　前節で議論した通り，母語獲得における UG の関与を仮定することにより，①プラトンの問題，②母語知識の種均一性，③母語知識の種固有性，に対して自然な説明を与えることができる。ということは，①〜③の観察は，UG の存在を仮定する「根拠」を成しているといえる。では，果たして，そのような根拠に基づいて仮定された UG が，実際に母語獲得に関与していることを裏づける「証拠」はあるだろうか。

　UG が母語獲得を支える生得的な 1 要因として機能しているのであれば，幼児の持つ母語知識は，最初期から UG の属性によって制約された体系となっているはずである。絶対的普遍性の背後にある UG の属性（**原理**と呼ばれる）については，それ自体がもともと与えられているものであり，それが発現するためには，語彙の獲得などに必要な最小限の言語経験で十分なはずであるため，幼児は観察しうる最初期からそれにしたがうことが予測される。さらに，含意的普遍性を生み出すような，言語の可能な異なり方に対する制約（**パラメータ**と呼ばれる）が UG に含まれているのであれば，獲得過程の途中に見られる変化は，その制約の範囲内でのみ起こるはずである。

　UG に基づく母語獲得研究は，その中心的な研究課題として，これらの予測が妥当であるか否かを，さまざまな言語における多様な現象の獲得過程を詳細に調べることによって，検討し続けている。本書では，以下，UG の原理からの予測について検討した代表的な研究について，第 2 章から第 7 章までを使って紹介し，UG のパラメータからの予測について検討した代表的な研究について，第 9 章から第 14 章までを使って紹介する。それにより，UG に基づく母語獲得研究が，どのような言語現象を対象に，どのような方法を用いて行われてきたのかに関して，基本的な理解を得てもらうことを目的としている。

10——第1部　はじめての言語獲得研究：基本的仮説

考えてみよう！

（A）　以下の2種類の英語の文を用いて，母語獲得には刺激の貧困という状況が存在すると考える根拠を2つ述べてみよう。

（9）　Can eagles that fly eat?

（10）　a.　Darcy is easy to please.

　　　　b.　Darcy is eager to please.

（B）　英語を母語とする幼児が，(10)にある2つの文の意味の違いを知識として持つかどうかを調べるためには，どのような方法を用いるのがよいか，考えてみよう。

参考文献

Berwick, Robert C., Paul Pietroski, Beracah Yankama, and Noam Chomsky. 2011. Poverty of the stimulus revisited. *Cognitive Science* 35: 1207-1242.

Chomsky, Carol. 1969. *The Acquisition of Syntax in Children from 5 to 10*. Cambridge, Massachusetts: MIT Press.

第2部

言語獲得における
UG原理の早期発現

第 2 章　文の階層性

> **本章のポイント**
> ✓ 英語・日本語の他動詞文が階層的な構造を持つことを示す証拠は何だろうか。
> ✓ 日本語を母語とする幼児の言語知識においても，他動詞文が階層的な構造を持つことを示す証拠は何だろうか。

2.1　英語・日本語の他動詞文が持つ構造

英語と日本語において，主語・目的語・動詞から成り立つ他動詞文を考えてみよう。

（1） a. Hanako pushed Ken.
　　 b. ハナコがケンを押した。

これらの文において，主語と目的語と動詞はどのように組み合わさって文の構造を形成しているのだろうか。少なくとも次の2つの可能性が考えられるだろう。1つは，主語と目的語と動詞の3要素が対等の立場で組み合わさっており，（2）のような平板な構造を形成しているという可能性である。（Sは文(Sentence)であることを示すラベルである。）

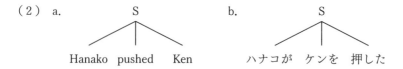

この構造においては，主語と目的語は構造的に同じ高さにある位置を占めており，

それゆえさまざまな言語現象において，基本的には同じ振る舞いを示すことが予想される。

もう1つの可能性は，(3)のように，まず動詞と目的語が組み合わさって構造的なまとまりである**句**(phrase)を形成し，その動詞と目的語から成る句と主語が組み合わさって文を形成しているという可能性である。(3)の場合には，(2)のような平板な構造と対照的に，他動詞文は階層的な構造を成しているということになる。動詞と目的語が形成する句は，動詞を中心にした句であると考えられるため，**動詞句**(Verb Phrase; VP)と表記することにしよう。

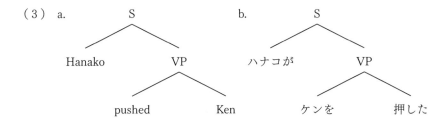

この階層的な構造においては，主語と目的語は構造的に異なった高さに位置しており，さまざまな言語現象において，異なった振る舞いを示すはずである。

では，英語と日本語の他動詞文は，平板な構造と階層的な構造のどちらを持つのであろうか。また，この点に関して，日本語と英語は同じ性質を持つのだろうか。いくつかの言語現象を確認しながら，日本語と英語の他動詞文の持つ構造について考えていくことにしよう。

2.1.1 英語の他動詞文が持つ階層的な構造

英語に関する数多くの理論的研究により，英語の他動詞文は，(3a)に示したような階層的な構造を持つことが明らかにされている。その証拠の1つは，「省略現象」に基づく観察である。英語においては，(4a)に示すように，2つの文がandでつながれており，後の文において前の文と同じ動詞と目的語が繰り返されている場合には，それらを省略することができる。一方で，主語と動詞が繰り返されていても，それらを省略することは許されない(Baker 2001)。

(4) a. Susan hit the table and Bill did _____ too.
　　b. *John hit the table and _____ did the chair too.

14——第2部　言語獲得における UG 原理の早期発現

上記の省略現象では，主語と目的語が，動詞と一緒に省略されうるかどうかという点で異なった振る舞いを示しており，(2a)のような平板な構造では，その違いをとらえることが困難である。一方，(3a)のような階層構造を持つと仮定すると，省略できるのは VP であると考えることで，なぜ(4a)のように動詞と目的語の組み合わせのみが省略可能なのかに対して容易に説明を与えることができる。したがって，省略に関して，(4a)が可能な文であり，(4b)が不可能な文であるという観察は，英語の他動詞文が VP を伴った階層構造を持つことを示す証拠の1つとなる。

　証拠をもう1つ議論しよう。only を含む(5)の文は，「ジョンはリンゴだけを食べた」という解釈を持つことはできるが，「ジョンだけがリンゴを食べた」という解釈を持つことは許されない。この観察は，(5)の文において，only が結びつきうるのは目的語(と動詞)に限られ，only が主語と結びつくことはできないということを示している。

（5）　John only ate apples.

　仮に英語の他動詞文が(2a)のような平板な構造を持っていたとすると，only を含む(5)の文は，およそ(6a)のような構造を持つことになる。この構造では，主語である John と目的語である apples はともに only と同じ構造的高さにあるので，なぜ目的語のみに only が結びつきうるのかを説明することが難しい。一方で，英語の他動詞文が(3a)のような階層構造を持つと考えると，only を含む(5)の文は，およそ(6b)のような構造を持つことになるであろう。この構造においては，目的語である apples は only と同じ構造的高さにあるが，主語である John は only よりも構造的に高い位置にある。そうすると，「only が結びつきうるのは構造的に同じ高さにある句のみである」と仮定することによって，(5)の文がなぜ「ジョンだけがリンゴを食べた」という解釈にならないのかを説明することができる。したがって，(5)の文において only が目的語と結びつくことができても主語と結びつくことはできないという観察は，英語の他動詞文が階層的な構造を持つことを示すもう1つの証拠となる。

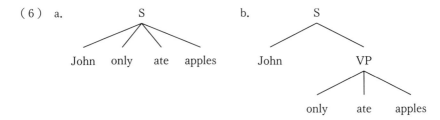

　上記で議論した2つの証拠やその他の証拠から，英語の他動詞文が階層構造を持つことはかなり確かであると言える。では次に，日本語の他動詞文も，英語と同様に，階層的な構造を成しているのかどうかについて考えよう。

2.1.2　日本語の他動詞文が持つ階層的な構造

　日本語は，英語に比べて語順が自由であり，主語—目的語—動詞という語順に加えて，目的語—主語—動詞という語順も可能である。

（7）　a.　ハナコがケンを押した。
　　　b.　ケンをハナコが押した。

日本語と英語における語順の自由度の違いを説明するために，過去の研究では，英語は他動詞文に対して(3a)のような階層構造を与えるのに対し，日本語は(2b)のような平板構造を与えているという提案がなされたことがある(Hale 1980)。しかしその後，研究が進むにつれ，日本語の他動詞文も階層的な構造を持つことを示す証拠が数多く蓄積されている。以下では，3つの証拠を議論しよう。

　1つめの証拠は，「ばかり」という表現に関する観察で，上記の英語におけるonlyの解釈に基づく議論と同じ種類の証拠である(岸本2009)。(8)の文は，「ばかり」が目的語である「マンガを」と結びついた「子どもがマンガばかりを読んでいる」という解釈を許容する。しかし，「ばかり」が主語である「子どもが」と結びついた「子どもばかりがマンガを読んでいる」という解釈は可能ではないと判断される。

（8）　子どもがマンガを読んでばかりいる。

　日本語の他動詞文が平板な構造を持つと考えた場合，(8)の文はおよそ(9a)のような構造を持つことになる。この構造では，主語の「子どもが」と目的語の

「マンガを」はどちらも「ばかり」と同じ構造的高さにあるため，なぜ「ばかり」が目的語のみに影響を与えるのかを説明することが難しい．一方，日本語の他動詞文が，英語と同様に，VPを伴った階層構造を持ち，したがって(8)の文がおよそ(9b)のような構造をしていると考えると，目的語のみが「ばかり」と同じ構造的高さにあることになり，なぜ目的語のみが「ばかり」の影響を受けるのかを説明することができる．したがって，(8)の文において，「ばかり」が目的語と結びつくことができても主語と結びつくことはできないという観察は，日本語の他動詞文が階層構造を成していることを示す証拠となる．

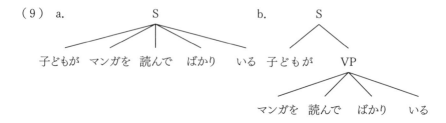

(9) a., b.

2つめと3つめの証拠は，いずれも，主語と目的語が異なった振る舞いを示す現象に基づくものであるので，まとめて議論することにしよう．まず1つめは，格助詞の脱落現象に基づく証拠である．Takezawa (1987)の観察によれば，(10)に示すように，目的語に付随する格助詞「を」は容易に脱落させることが可能だが，主語に付随する格助詞「が」を脱落させると文の容認度が下がってしまう．

(10) a. ハナコがその本を買った．
    b. ハナコがその本＿買った．
    c. *ハナコ＿その本を買った．

もう1つは，意味内容を持たない「〜のこと」という要素の分布に基づく証拠である．Kuno (1976)や笹栗(1996)が観察しているように，(11a)とほぼ同じ意味を持つ文として，目的語に「〜のこと」を付けた(11b)は可能な文であるが，一方で主語に「〜のこと」を付けた(11c)は非文法的となってしまう．

(11) a. ハナコがケンを心配している．
    b. ハナコがケンのことを心配している．
    c. *ハナコのことがケンを心配している．

格助詞の脱落および「〜のこと」の付与のどちらの現象も，目的語のみにおいて可能であり，主語においては可能とならない。これらの現象がなぜ目的語のみに起こるのかは重要な理論的課題ではあるが，ここでの議論とはやや独立の問題であると考えられるので，棚上げにすることにしよう。ここで大事なのは，主語と目的語が異なった振る舞いを示すという観察に対し，主語と目的語が構造的に同じ高さを占めることになる(2b)のような平板な構造からは説明を与えることが難しく，主語と目的語が異なった構造的高さを占める(3b)のような階層構造の方が説明を与えやすいという点である。つまり，階層構造を仮定する場合には，主語と目的語が異なる振る舞いを示す際に，構造的高さの違いを利用して統一的に説明を与えることができるが，平板な構造を仮定してしまうと，主語と目的語の振る舞いの違いが何に由来するのかという源が定かではなくなってしまう。したがって，(10)と(11)に示した2つの現象も，(8)の文における「ばかり」の解釈と同様に，日本語の他動詞文が階層構造を持つという考えを支持するものである。

2.2　UG 原理からの母語獲得への予測

前節で議論した通り，他動詞文の構造は，英語においても日本語においても，VP という句を含んだ階層的な構造を成していると考えられる。英語と日本語という類型的に見て大きく異なった言語間においてこのような共通性が見られるということから，他動詞文が階層構造を持つという性質は，UG の原理を反映したものであると考えられる。この考えが正しければ，他動詞文の基本的構造は生得的に与えられているものであり，それ自体を言語経験から学ぶ必要はないため，幼児の母語知識においても，観察しうる最初期から他動詞文は階層的な構造を与えられていることが予測される。

(12)　仮説：
「他動詞文は階層構造を持つ」という性質は，UG の原理を反映したものである。

(13)　母語獲得への予測：
幼児の母語知識においても，観察しうる最初期から，他動詞文は階層的な構造を持つ。

2.3　幼児日本語における他動詞文の階層性①

　UG の原理からの予測である(13)の妥当性を日本語獲得において検討するために，Otsu (1994a)の研究では，10 名の 3 歳児と 10 名の 4 歳児を対象に，(10)に例示した格助詞の脱落現象を用いて，2 種類の実験を実施している。1 つめの実験は，発話の引き出し法(elicited production)を用いた実験である。実験者は，各幼児に，「お母さんがスイカを食べている」といった状況を描写した絵を見せ，以下のような指示を与える。この指示では，文を始めてほしい語である「お母さん」に格助詞がついていない点に注意してほしい。この工夫は，幼児に対して格助詞脱落に関するヒントを与えることを避けるためのものである。

(14)　この絵についてお話してくれる？　まず，「お母さん」で始めてくれる？

　2.1 節で議論した通り，成人が持つ日本語の母語知識においては，他動詞文の階層構造の反映として，主語に伴う格助詞である「が」は脱落せず，目的語に伴う格助詞である「を」のみが脱落する。したがって，成人が(14)の指示を与えられた際，(15a-c)のような文は答えとして現れるが，(15d-f)のような文は現れないことが予測される。

(15)　a.　お母さんが　すいかを　食べている。
　　　 b.　お母さんが　すいか＿　食べている。
　　　 c.　お母さんが　　　　　　食べている。
　　　 d. *お母さん＿　　　　　　食べている。
　　　 e. *お母さん＿　すいかを　食べている。
　　　 f. *お母さん＿　すいか＿　食べている。

　もし日本語を母語とする 3・4 歳児も，成人と同様に，(15a-c)のような文を返答として発話する一方で，(15d-f)のような文を発話することがなければ，これらの幼児の母語知識においても，観察しうる最初期から，他動詞文が階層構造を与えられていると考えられる。得られた結果は(16)の通りで，(15d-f)のような発話は全く見られなかった。

(16) Otsu (1994a)による実験の結果

(15a)	(15b)	(15c)	(15d)	(15e)	(15f)
33% (20/60)	50% (30/60)	17% (10/60)	0%	0%	0%

　２つめの実験は，実験者が各幼児に(17)のような質問を行うという方法を用いたものである。まず実験者は，動物の人形を使って，倒す・たたくといった状況を幼児に見せる。その後に，幼児に対して(17)のような３つの質問を行う。日本語を母語とする３・４歳児が，成人と同様に，階層構造の反映として目的語に伴う格助詞である「を」のみが脱落しうるという知識を持っているのであれば，(17c)の質問に対して，「誰を倒したの？」という解釈のみを与えるはずである。

(17) a. 誰が倒したの？
　　 b. 誰を倒したの？
　　 c. 誰＿＿倒したの？

　結果は，３歳児の２名から，(17c)に相当する質問に対して時々「わからない」旨の返答があったものの，ほぼ全員が(17c)に対して，目的語に伴う格助詞「を」が脱落した文としての解釈を与えた。

　Otsu (1994a)は，これら２種類の実験の結果から，日本語を母語とする３・４歳児の母語知識にはすでに，主語に伴う格助詞である「が」を脱落させることは許されず，目的語に伴う格助詞である「を」のみが脱落可能であるという知識が備わっていると主張した。それはつまり，この段階の日本語を母語とする幼児の他動詞文がすでに階層構造を成しており，UG の原理からの予測である(13)が妥当であることを示すものである。

2.4　幼児日本語における他動詞文の階層性②

　UG の原理からの予測である(13)の妥当性をさらに確認するため，Sugisaki (2011)は，「〜のこと」を含む文に対して日本語を母語とする幼児が正しい解釈を与えることができるかどうかを実験により調査している。調査対象となったのは，４歳２か月から６歳８か月までの日本語を母語とする幼児 18 名で，平均年齢は５歳１か月であった。調査方法は，**図 2.1** のような写真を幼児に見せなが

ら，(18)のような短いお話を聞かせ，その後に(19a)あるいは(19b)のような質問を幼児に行うという方法である．

図 2.1 Sugisaki (2011) の実験で用いられた写真

(18) お話：
ゾウさんとヒヨコちゃんとパンダさんがおやつのピザを食べてるよ．3人はとっても仲良しのお友達なんだけど，ゾウさんはヒヨコちゃんが一番大好きで，ヒヨコちゃんはパンダさんが一番大好きなんだって．

(19) テスト文：
a. ヒヨコちゃんが一番大好きなのは誰かな？
b. ヒヨコちゃんのことが一番大好きなのは誰かな？

(19)にあるテスト文には，主な工夫が2点含まれている．まず第1に，「大好きだ」という述語が使用されているが，この述語は主語にも目的語にも「が」を付与する述語である．したがって，(19a, b)のいずれにおいても，最初の名詞句が主語であるか目的語であるかを格助詞そのものから判断することはできない．第2に，「〜なのは誰かな？」という構文を用いることによって語順がコントロールされており，最初の名詞句が主語であるか目的語であるかを語順によっても判断できないようになっている．つまり，(19a)と(19b)の解釈の違いは，「〜のこと」の有無のみからしか生じえない．日本語を母語とする成人にとって，「〜のこと」を含まない(19a)では，「ヒヨコちゃん」は「大好きだ」の主語としても目的語としても解釈可能であるが，「〜のこと」を含む(19b)では，この要素が目的語にしか付与されないという制約から，「ヒヨコちゃん」は「大好きだ」の目的語としてのみ解釈可能である．日本語を母語とする幼児が，成人と同様に，(19a)と(19b)の解釈の違いを認識できることが明らかとなれば，それはつまり主語と動詞が異なった振る舞いを示すような言語現象に関する知識をすでに持っているということになる．

(19a)のようなテスト文を 2 文，(19b)のような「〜のこと」を伴ったテスト文を 2 文用意して調査を行い，得られた実験結果は，(20)の通りであった。

(20) Sugisaki (2011)による実験の結果

	主語として解釈	目的語として解釈
「〜が」	83.3%（30/36）	16.7%（6/36）
「〜のことが」	11.1%（4/36）	88.9%（32/36）

上記の表が示す通り，「〜のこと」を伴わない場合，文の最初に出てくる「〜が」は主語として解釈される傾向が非常に強い。（全部で 36 ある返答数のうちの 30 を占めている。）それにもかかわらず，「〜のこと」を伴う場合，文の最初に出てくる「〜が」は 90% 近くの割合で目的語として解釈されている。（全部で 36 ある返答数のうちの 32 を占めた。）この実験結果は，目的語のみが「〜のこと」を伴うことができるという知識を，日本語を母語とする 4〜6 歳児がすでに持つことを示している。幼児が「〜のこと」に関する主語と目的語の振る舞いの違いを知識として持つということは，幼児と成人が「〜のこと」の振る舞いに関して同質の知識を持つことを示唆するため，これらの幼児の母語知識において他動詞文がすでに階層構造を与えられている可能性を高める。したがって，本研究の結果は，UG の原理からの予測である(13)と合致するものと言えるだろう。

2.5 本章のまとめ

本章では，英語と日本語のどちらにおいても，他動詞文が階層的な構造を持つことを，具体的な言語現象を観察しながら確認した。そして，他動詞文が階層構造を持つという性質が UG の原理の反映であると仮定し，それにより，幼児の母語知識においても観察しうる最初期から他動詞文が階層構造を与えられているはずであるという予測を導き出した。この予測が妥当であることを示した日本語獲得に関する研究として，Otsu (1994a)と Sugisaki (2011)を取り上げ，その方法と結果を概観した。これらの研究は，UG の原理が母語獲得の早期に発現するという点を，他動詞文の階層構造に関して示したものであり，それによって UG の原理が生得的に備わっているという仮説のもっともらしさを高めたものである。

22——第 2 部　言語獲得における UG 原理の早期発現

考えてみよう！

（A）　英語を母語とする幼児の母語知識において，他動詞文が階層構造を持つかどう
かを調べるためには，どのような実験を行えばよいだろうか。お話やテスト文も含
め，具体的なデザインを考えてみよう。

（B）　Otsu (1994a) と Sugisaki (2011) は異なった現象を用いて実験を行い，日本語を
母語とする幼児の母語知識において他動詞文が階層構造を持つと結論づけた。果た
して，どちらの方がより強力な証拠を出していると考えられるだろうか。また，他
の証拠を提示するためには，どのような言語現象に注目すればよいだろうか。

参考文献

Sugisaki, Koji. 2011. Configurational structures in child Japanese: New evidence. In *Selected Proceedings of the 4th Conference on Generative Approaches to Language Acquisition North America* (GALANA 2010), eds. Mihaela Pirvulescu, Maria Cristina Cuervo, Ana T. Perez-Leroux, Jeffrey Steele, and Nelleke Strik, 241-248. Somerville, Massachusetts: Cascadilla Proceedings Project.

Suzuki, Takaaki, and Naoko Yoshinaga. 2013. Children's knowledge of hierarchical phrase structure: quantifier floating in Japanese. *Journal of Child Language* 40: 628-655.

第3章 構造依存性

> ### 本章のポイント
>
> ✓ 英語・日本語のどちらにおいても観察される構造依存性とは，どのような性質であり，具体的にどのような現象に反映されているのだろうか。
>
> ✓ 英語および日本語を母語とする幼児の言語知識においても，構造依存性が満たされていることを示す証拠は何だろうか。

3.1 英語・日本語における構造依存性

第2章では，他動詞文が階層的な構造を持たねばならないという，文構造に対する一般的な制約を取り上げ，日本語を母語とする幼児の母語知識においてもこの制約が満たされていることを示す証拠について議論した。本章では，さまざまな規則がこのような文の持つ構造に依存しなければならないという一般的な制約を取り上げ，その性質を理解したうえで，英語・日本語を母語とする幼児の持つ母語知識においてもこの制約が反映されているかどうかを調査した研究について議論しよう。

3.1.1 英語の yes/no 疑問文に見られる構造依存性

英語の平叙文(1)に対応する yes/no 疑問文(2)に関して，それがどのような規則によって形成されるかについて考えよう。（下線部は，will や can が前置される前に存在した位置を示す。）

（1）　a.　Ken will buy that magazine.

　　　　b.　Hanako can solve this problem.

24——第2部　言語獲得における UG 原理の早期発現

（2）　a.　Will Ken ＿＿＿ buy that magazine?

　　　　b.　Can Hanako ＿＿＿ solve this problem?

もっとも単純な可能性の1つは，「平叙文の先頭から2番目にある要素を前置する」という規則によって(1)から(2)が生み出されるという可能性であろう。この規則は，前置される要素の種類に言及しておらず，また第2章で議論したような，文の持つ抽象的な構造にも言及していないという点において，非常に単純である。しかし，この規則が実際に英語の母語話者が持つ知識ではないということは，主語が2語以上から成る(3)のような文を考慮すると，すぐに明らかとなる。

（3）　a.　Ken's brother will buy that magazine.

　　　　b.　That tall student can solve this problem.

（4）　a.　*Brother Ken's ＿＿＿ will buy that magazine?

　　　　b.　*Tall that ＿＿＿ student can solve this problem?

（5）　a.　Will Ken's brother ＿＿＿ buy that magazine?

　　　　b.　Can that tall student ＿＿＿ solve this problem?

　英語の yes/no 疑問文を形成する規則が「平叙文の先頭から2番目にある要素を前置する」という規則であったならば，(3)の文に対応する yes/no 疑問文は(4)のようになるはずだが，これらの文は明らかに非文法的である。実際に英語の母語話者が許容する yes/no 疑問文は(5)であり，(3a)から(5a)を生み出すためには，文の先頭から3番目にある要素を前置する必要があり，(3b)から(5b)を生み出すためには，文の先頭から4番目にある要素を前置する必要がある。これらの例からわかるように，単に文の先頭からの位置のみを考慮するだけでは，yes/no 疑問文を形成する規則を一般的な形で述べることが非常に難しい。

　では次に，yes/no 疑問文において前置される要素の種類に着目し，「平叙文に含まれる助動詞を前置する」という規則を立て，その妥当性を検討してみよう。この規則は，平叙文の中に助動詞が1つしか含まれていない(1)や(3)のような平叙文の場合には，(2)や(5)にある正しい yes/no 疑問文を導くことができるが，(6)のような埋め込まれた節を含む文の場合には問題が生じる。

（6）　Ken will buy the magazine [that Hanako is reading].

（7）　Will Ken ＿＿＿ buy the magazine [that Hanako is reading]?

（8）*Is Ken will buy the magazine［that Hanako ＿＿ reading］?

(6)の平叙文では，埋め込まれた節が存在することによって，1つの文の中に助動詞が2つ含まれている。それゆえ，上記の規則が正しければ，(7)の文と(8)の文のいずれも yes/no 疑問文として可能となるはずである。しかし，実際には，(7)の文のみが可能であり，(8)の文は非文法的になってしまう。(6)の平叙文から(7)の yes/no 疑問文のみを生み出し，(8)の文を排除するためには，前置されるべき要素の種類に加えて，どのような情報を規則に追加する必要があるだろうか。

　再度，要素の順序に着目して考えた場合，(7)で前置されているのは平叙文に含まれている最初の助動詞であるので，英語の yes/no 疑問文を形成する規則は「平叙文に含まれる最初の助動詞を前置する」という規則であると考えてみてはどうだろうか。この規則は，埋め込まれている節が文の後半に存在する(6)のような平叙文に対しては正しい yes/no 疑問文を生み出すことができるが，埋め込まれている節が文の前半に存在する(9)のような平叙文の場合には問題を生じさせる。

（9）　The new student［that Hanako is teaching］can solve this problem.

（10）*Is the new student［that Hanako ＿＿ teaching］can solve this problem?

（11）　Can the new student［that Hanako is teaching］＿＿ solve this problem?

(9)の平叙文から(11)の yes/no 疑問文を生み出し，(10)の yes/no 疑問文を排除するためには，「平叙文に含まれる最後の助動詞を前置する」といった規則を立てる必要があるが，この規則では今度は(6)の平叙文から(7)の yes/no 疑問文を生み出すことができなくなってしまう。結局，(6)から(7)の yes/no 疑問文，そして(9)から(11)の yes/no 疑問文の形成に関する事実は，「最初の助動詞」や「最後の助動詞」といった順序に基づく規定では正しくとらえることができない。

　(6)や(9)のような埋め込み文を伴った平叙文において，yes/no 疑問文の形成の際に前置されるのは，埋め込まれていない節の助動詞，つまり主節の助動詞である。したがって，英語の母語話者が持つ yes/no 疑問文の形成に関する規則は，「平叙文において主節にある助動詞を前置する」という規則であると考えられる。この規則が，これまで検討してきた規則と大きく異なる点は，「主節の助動詞」というように，構造的な高さに言及しているという点である。「2番目の要素」

26——第2部 言語獲得におけるUG原理の早期発現

や「最初の助動詞」といった規定が要素の文内における順序に言及しているのに対し，実際に母語話者の知識に含まれる yes/no 疑問文の規則は文の持つ構造に基づいて操作を行う規則であると考えられる。このような，文の構造に言及する規則のことを，「構造に依存した」(structure-dependent)規則と呼ぶ。つまり，英語において yes/no 疑問文を形成する規則は**構造依存性**(structure dependence)を持つと考えられる。

3.1.2 日本語の数量詞遊離に見られる構造依存性

英語の yes/no 疑問文の形成に見られるような構造依存性は，日本語においても見られるのだろうか。この点について検討するために，(12)および(13)のような文を考えてみよう。

(12) a. 3人の学生がその本を読んだ。
b. ケンが3匹の犬を追いかけた。

(13) a. 学生が3人その本を読んだ。
b. ケンが犬を3匹追いかけた。

(12)と(13)の文は，ほぼ同じ意味を表していると考えられるが，「3人」や「3匹」という**数量詞**(quantifier)が，(12)の文ではそれが修飾する名詞の直前に存在し，属格を示す「の」によって結びつけられているのに対し，(13)の文では，修飾する名詞の後に現れており，属格を示す「の」も存在していない。(13)に例示される現象は**数量詞遊離**(quantifier float)と呼ばれ，(13)の文にあるような数量詞は**遊離数量詞**(floated quantifier)と呼ばれる。

では，遊離数量詞とそれが結びつく名詞(これを遊離数量詞の「先行詞」と呼ぶことにする)との関係はどのようになっているのだろうか。(13a)にある数量詞を目的語の後に置くと，(14b)のように，非文法的となることが知られている。

(14) a. 学生が3人その本を読んだ。(＝(13a))
b. *学生がその本を3人読んだ。

文法的である(14a)と非文法的である(14b)の最も顕著な違いは，(14a)では，数量詞がその先行詞となる名詞である「学生」を含む「学生が」という句に隣接しているのに対し，(14b)では，数量詞とその先行詞を含む「学生が」という句の間に，「その本を」という句が介在している点である。この点に注目すると，

遊離数量詞に対する制約として，「遊離数量詞とその先行詞を含む句は隣接していなければならない」という制約が存在している可能性が考えられる。
　しかし，この規則ではうまく説明することができない現象として，(16)のような文が非文法的であるという観察がある。

(15)　a.　ケンが3匹の犬と走った。
　　　b.　ハナコが3人の学生から花束をもらった。
(16)　a.　*ケンが犬と3匹走った。
　　　b.　*ハナコが学生から3人花束をもらった。

　(16)の文では，(13)の文と同様に，遊離数量詞はそれぞれ「犬」「学生」という先行詞を含む句である「犬と」「学生から」という句に隣接している。それにもかかわらず，(13)の文と異なり，(16)の文は非文法的である。これらの文に見られる文法性の差は，どのような要因から生じているのだろうか。
　(13)の文と(16)の文における重要な違いは，Miyagawa (1989)の研究によれば，遊離数量詞の先行詞となる名詞が伴っている助詞の種類にある。(13)では，「学生が」は主格を示す格助詞を，「犬を」は目的格を示す格助詞を伴っている。一方，(16)では，「犬と」および「学生から」は，それぞれ英語で表現すると"with dogs""from students"となることからわかるように，(英語の前置詞に相当する)後置詞を伴っている。英語では，格は代名詞の場合にのみ具現され，he (主格)/him(目的格)のように，名詞の中に含まれた形で具現する。これを基に，日本語の格助詞も，構造的には名詞に付随する要素であり，独立した要素ではないと仮定しよう。後置詞に関しては，格助詞とは異なり，(英語と同様に)構造的に独立した要素であると考えた場合，格助詞を伴う名詞が遊離数量詞を伴う場合と，後置詞を伴う名詞が遊離数量詞を伴う場合の構造は，およそ(17)のようになる。

(17)　a.　名詞＋格助詞＋数量詞　　b.　名詞＋後置詞＋数量詞

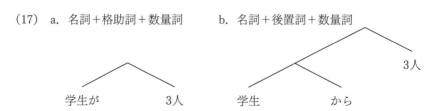

格助詞を伴う名詞が遊離数量詞の先行詞となる場合は，(17a)のように，数量詞とその先行詞である名詞は構造的に直接結びついた関係となっている。このように，同じ節点に直結している要素が，構造的に「姉妹」(sister)の関係を成すと呼ばれる。一方，後置詞を伴う名詞が数量詞の先行詞となっている(17b)においては，後置詞である「から」が構造的に独立した要素であることによって，数量詞とその先行詞である名詞は姉妹関係を形成していない。この観察に基づくと，遊離数量詞に対する制約は，「遊離数量詞とその先行詞は構造的に姉妹関係を持たなければならない」という制約として述べることができる。この制約は，先ほど検討した隣接性に基づく制約とは異なり，構造に言及した制約であるため，日本語の数量詞遊離を司る制約も，英語の yes/no 疑問文の形成規則と同様に，構造依存性を持つと考えられる。

3.2 UG 原理からの母語獲得への予測

前節では，英語の母語話者が持つ yes/no 疑問文を形成する規則も，日本語の母語話者が持つ遊離数量詞とその先行詞との関係を司る規則も，構造に言及した規則であり，構造依存性を持つことを議論した。英語と日本語という類型的に見て大きく異なった言語間において，さらに yes/no 疑問文と数量詞遊離という全く異なった現象においてこのような共通性が見られるということから，規則の構造依存性は UG の原理を反映したものであると考えられる。この考えが正しければ，規則の構造依存性は生得的に定められたものであり，幼児はそれ自体を言語経験から学びとる必要はないため，幼児の母語知識においても，観察しうる最初期からさまざまな規則が構造依存性を示すことが予測される。

(18) 仮説：
規則の構造依存性は，UG の原理を反映したものである。

(19) 母語獲得への予測：
幼児の母語知識に含まれる規則は，観察しうる最初期から，構造依存性を示す。

3.3 幼児英語における yes/no 疑問文の構造依存性

英語を母語とする幼児の持つ yes/no 疑問文の形成規則が構造依存性を満たすかどうかを調査した代表的な研究として，Crain & Nakayama (1987)がある。この研究では，3 種類の実験が実施されているが，その中の最初の実験について整理することにしよう。

この実験は，平均年齢 4 歳 7 か月である 30 名の英語を母語とする幼児を対象に行われ，これらの幼児は 3 歳 2 か月から 4 歳 7 か月までの幼児 15 名(平均年齢 4 歳 3 か月；これをグループ 1 とする)と，4 歳 7 か月から 5 歳 11 か月までの幼児 15 名(平均年齢 5 歳 3 か月；これをグループ 2 とする)に分けられた。

この実験で用いられたのは，発話の引き出し法である。幼児は，何枚かの絵を提示され，その絵について，人形(スターウォーズに出てくるジャバ・ザ・ハット)に対して質問をするよう，(20)の形式を持った指示を与えられる。(20)の if 以下は埋め込み文(主語を修飾する関係詞節)を伴っているので，幼児は主節あるいは関係詞節内の助動詞を前置することにより yes/no 疑問文を形成することが求められた。

(20) Ask Jabba if 〜

(例) Ask Jabba if the boy who is watching Mickey Mouse is happy.

各幼児に対し，テスト文が 6 文ずつ与えられ，その結果は(21)の表が示す通りとなった。幼児から得られたおよそ 170 文のうち，60% の文が "Is the boy who is watching Mickey Mouse ____ happy?" のような，正しく主節の助動詞が前置された yes/no 疑問文であり，残りの 40% は何らかの形で誤った yes/no 疑問文であった。

(21) Crain & Nakayama (1987)による実験の結果

	文法的な yes/no 疑問文	非文法的な yes/no 疑問文
グループ 1	38%(31/81)	62%(50/81)
グループ 2	80%(70/87)	20%(17/87)
計	60%(101/168)	40%(67/168)

30——第2部　言語獲得における UG 原理の早期発現

　これらの誤りを分類したところ，(22a)のような文頭に余分な助動詞を付加する誤り(prefix error)と，(22b)のような文の途中で短い yes/no 疑問文によって言い直す誤り(restarting error)は観察されたが，(22c)のような，明らかに文中で最初に現れた助動詞を前置しており，構造に依存しない操作を適用したと思われる誤り(structure-independent error)は全く観察されなかった。

(22)　誤った yes/no 疑問文の種類：

　　a.　タイプ 1：余分な助動詞を付加する誤り

　　　　*Is the boy who is being kissed by his mother is happy?

　　b.　タイプ 2：言い直す誤り

　　　　*Is the boy that is watching Mickey Mouse, is he happy?

　　c.　タイプ 3：構造に依存しない操作を適用したと思われる誤り

　　　　*Is the boy that ＿＿ watching Mickey Mouse is happy?

(23)　Crain & Nakayama (1987)の実験で観察された誤り

	タイプ 1 の誤り	タイプ 2 の誤り	タイプ 3 の誤り	その他の誤り
グループ 1	60%(30/50)	20%(10/50)	0	20%(10/50)
グループ 2	53%(9/17)	29%(5/17)	0	18%(3/17)
計	58%(39/67)	22%(15/67)	0	19%(13/67)

　幼児が発話する yes/no 疑問文に一定数の誤りが観察されたにもかかわらず，構造に依存しない操作を適用したと思われる誤りが全く観察されなかったことに基づき，Crain & Nakayama (1987)は，英語を母語とする幼児の持つ yes/no 疑問文に関する規則が，観察しうる最初期から構造依存性を満たすものであると結論づけている。

3.4　幼児日本語における数量詞遊離の構造依存性

　では次に，日本語を母語とする幼児が持つ数量詞遊離に関する知識を調査した Otsu (1994b)の実験について概観しよう。この実験では，5 名の 3 歳児および 5 名の 4 歳児を対象に，動作法(act-out)を用いて，(24)および(25)の文の解釈に関する調査が行われた。

(24)　a.　キリンさんが 3 匹押しています。

　　　b.　ライオンさんを 3 匹押しています。

(25)　a.　キリンさんから 3 匹チューをもらいました。

　　　b.　ライオンさんの前に 3 匹立っています。

　幼児の前には 5 匹のキリンの人形と 5 匹のライオンの人形が置かれ，幼児は
それらを動かすことによって(24)および(25)の文の内容を示すことが求められ
た。(24)および(25)の文は，名詞―助詞―数量詞という順序を含む点において
は同一である。しかし，(24)の文では，文内に明示されている名詞が格助詞を
伴っているため，数量詞の先行詞となることができるが，(25)の文では，文内
に明示されている名詞が後置詞を伴っており，後置詞が独立した要素であること
から生じる構造により，後置詞を伴った名詞は数量詞の先行詞となることができ
ない。したがって，(25)の文に含まれた数量詞が結びつくのは，文内に明示さ
れていない動物((25a)ならライオンさん，(25b)ならキリンさん)ということに
なる。Otsu (1994b)は，日本語を母語とする幼児が，格助詞と後置詞の違いから
生じる構造的な違いを認識でき，それに基づいて数量詞の先行詞を正しく決定で
きるかどうかを明らかにしようとした。

　実験の結果，日本語を母語とする幼児は誤った解釈を示すことはなかった。幼
児達は全員，(24a)においては「キリンさん」を「3 匹」の先行詞として解釈し，
(24b)においては「ライオンさん」を「3 匹」の先行詞として解釈した。2 名の 3
歳児を除き，他の幼児は全員，(24a)に対しては 1 匹のライオンさんを押される
対象として選び，(24b)に対しては 1 匹のキリンさんを動作主として選んだ。2
名の 3 歳児は，それぞれの文に対し，5 匹のライオンさんを押される対象，5 匹
のキリンさんを動作主として選んだ。

　一方，幼児達は，(25a)の文においては，3 匹のライオンさんをチューされた
相手として選び，(25b)の文においては，3 匹のキリンさんを行為の動作主とし
て選んだ。一番幼い 2 名の 3 歳児(3 歳 1 か月と 3 歳 3 か月)は，「～の前に」と
いう表現によって表される空間的な関係を理解していないようで，1 匹のライオ
ンさんと 3 匹のキリンさんを横に並べた。しかし，それ以外の誤りは観察され
なかった。

　日本語を母語とする幼児が(24)および(25)の文に含まれる数量詞の先行詞を
正しく決定できるという結果に基づき，Otsu (1994b)は，観察しうる最初期から，

格助詞と後置詞が生み出す構造的な違いに関する知識と，構造に基づいた数量詞遊離に関する制約の知識の両方が幼児の母語知識に含まれていると主張した。つまり，英語を母語とする幼児の持つ yes/no 疑問文に関する規則と同様に，日本語を母語とする幼児が持つ数量詞遊離に関する規則も，観察しうる最初期から構造依存性を満たすと考えられる。

3.5　本章のまとめ

　本章では，英語の yes/no 疑問文の形成に関する規則と，日本語の数量詞遊離が満たすべき制約を取り上げ，いずれの規則も構造に依存した規則であることを確認した。そして，規則が構造依存性を持たねばならないという性質が UG の原理の反映であると仮定し，それにより，幼児の母語知識においても観察しうる最初期から構造依存性が満たされているはずであるという予測を導き出した。この予測が妥当であることを示した研究として，英語の yes/no 疑問文を対象とした Crain & Nakayama (1987)による実験と，日本語の数量詞遊離を対象とした Otsu (1994b)による実験を取り上げ，その概要を整理した。これらの研究は，UG の原理が母語獲得の早期に発現するという点を，構造依存性に関して示したものであり，それによって UG の原理が生得的に備わっているという仮説のもっともらしさをさらに高めたものと解釈できる。

考えてみよう！───────────────

(A)　Otsu (1994b)の実験で用いられた以下のテスト文は，格助詞と後置詞という違いのみではなく，数量詞とその先行詞となる名詞との音声的な距離の違いも含んでいる。具体的には，格助詞の「が」や「を」は1モーラであるが，後置詞である「から」は2モーラ，「の前に」は4モーラである。この点は，日本語を母語とする幼児が持つ数量詞遊離に関する規則が構造依存性を満たすという主張に対して，どのような問題を提起することになるだろうか。

(24)　a.　キリンさんが3匹押しています。

　　　　b.　ライオンさんを3匹押しています。

(25)　a.　キリンさんから3匹チューをもらいました。

　　　　b.　ライオンさんの前に3匹立っています。

（B）　上記の問題を解決するためには，どのようなテスト文を用いた実験を行えばよいだろうか。テスト文およびそれらを含めた実験方法を具体的に考えてみよう。

参考文献

Sugisaki, Koji. 2015a. Quantifier float and structure dependence in child Japanese. *Language Acquisition*.

第4章　移動に対する制約

> **本章のポイント**
>
> ✓ 英語や日本語に観察される移動とは，どのような現象だろうか。また，これらの移動はどのような制約にしたがうだろうか。
>
> ✓ 英語や日本語を母語とする幼児の言語知識においても移動が制約にしたがうことを示す証拠は何だろうか。

4.1　英語・日本語における移動とその制約

　英語と日本語の両方において観察される重要な言語現象の1つに，**移動**(movement)と呼ばれる現象がある。まず，それぞれの言語における移動現象とは具体的にどのようなものか，またその現象はどのような制約にしたがうのかを理解しよう。

4.1.1　英語における移動とその制約

　英語において，(1a)の下線部に相当する情報を尋ねたい場合には，典型的には(1b)のような疑問文を用いることになる。who, what, when, where, why, which, how のような疑問詞を *wh* 句と呼び，*wh* 句を用いた疑問文のことを，*wh* 疑問文と呼ぶことにしよう。

（1）　a.　Ken will buy <u>this book</u>.
　　　b.　What will Ken buy?

　wh 疑問文である(1b)が求めている情報は，(1a)の下線部，つまり buy の目的語に相当する情報である。この点を考慮すると，(1b)において文頭に現れている what は，もともとは(2)の下線部の位置にあり，その位置から文頭へと移動

したと考えることができる。このような wh 句の移動は，**wh 移動**と呼ばれている。

（2） What will Ken buy ＿＿＿？

通常の wh 疑問文では，(2)に示された wh 移動が義務的に生じる。しかし，話し手が(1a)の文を発話し，聞き手が下線部を聞き取れなかったために問い返す疑問文では，(3)の例が示すように，wh 句が buy の目的語の位置にそのまま現れても可能な文になる。(3)のような wh 疑問文が可能であるという事実は，(1b)のような通常の wh 疑問文においても wh 句がもともとは buy の目的語位置に生じており，wh 移動によって文頭に現れていることを示す証拠となる。

（3） Ken will buy what?

wh 移動は，(1b)のような単純な文だけではなく，動詞の目的語位置に埋め込まれた文(埋め込み節)の中から生じることも可能である。例えば，(4a)の下線部に相当する情報を尋ねたい場合には，(4b)のような wh 疑問文が可能である。

（4） a. Hanako thinks [that Ken will buy this book].
 b. What does Hanako think [that Ken will buy ＿＿＿]?

英語の wh 句は，(4b)に示されるように，埋め込み節と主節にまたがった長い距離を移動できる性質を持つにもかかわらず，どのような場所からも自由に移動できるわけではなく，ある一定の場所からは移動できないことが観察されている。このような場所は**島**(island)と呼ばれており，Ross (1967)によると，代表的な島の 1 つは関係詞節である。例えば，(5a)の下線部，つまり関係詞節内に含まれる buy の目的語を尋ねるために，関係詞節内から主節への wh 移動を含む(5b)の wh 疑問文を形成すると，非文法的となる。

（5） a. Hanako saw the man [that bought this book].
 b. *What did Hanako see the man [that bought ＿＿＿]?

(5b)の文が尋ねようとしている情報は，例えば(6)のような遠回しな表現を使えば問題なく尋ねることができるため，(5b)が非文法的である理由は，(5b)の表現しようとしている意味から生じているとは考えにくい。したがって，(5b)

の非文法性は，関係詞節内からの *wh* 移動に原因があると考えられる。

（6）　Hanako saw the man that bought something. Do you know what it was?

4.1.2　日本語における移動とその制約

　日本語は，英語と異なり，*wh* 疑問文において義務的に *wh* 移動が生じることはない。例えば，(7a)の下線部に相当する情報を尋ねたい場合には，下線部をそのまま *wh* 句と入れ替え，文末に「か」あるいは「の」のような疑問文を表す標識を置けば，(7b)のような文法的な *wh* 疑問文が形成される。

（7）　a.　ケンは<u>この本を</u>買いました。
　　　b.　ケンは何を買いましたか？

　もちろん，(8a)に示すように，(7b)に含まれる *wh* 句の「何を」を文頭に置くことは可能であるが，この現象は次の2点において，英語の *wh* 移動とは大きく異なっている。第1に，(7b)が可能であることからわかるように，日本語では，*wh* 句が文頭に現れることが義務的ではない。第2に，(8b)に示されるように，日本語では，*wh* 疑問文ではなく，平叙文であっても，適切な文脈が与えられれば，その目的語が文頭に現れることが可能である。

（8）　a.　何をケンは買いましたか？
　　　b.　この本をケンは買いました。

　上記の2点を踏まえると，日本語は英語と比べて語順が比較的自由であり，この自由語順という性質によって，*wh* 句を含むさまざまな句を文頭に置くことが可能となっていると考えられる。(7a)の文と(8b)の文が本質的な意味において同じであるという点を考慮すると，(8b)の目的語は(9)に示すような移動を経て文頭に現れていると考えることができる。このような，日本語の自由語順の背後にあると考えられる移動現象は**かき混ぜ**(scrambling)と呼ばれている。

（9）　この本を　ケンは　＿＿＿＿＿　買いました。

　英語における *wh* 移動と同様に，かき混ぜは，埋め込み節と主節にまたがった長い距離を移動することが可能である。

第4章 移動に対する制約——37

(10)　a.　ハナコは［ケンが<u>この本を</u>買ったと］思った。

　　　　b.　この本をハナコは［ケンが＿＿＿＿買ったと］思った。

しかし，Saito (1985)などの観察によると，やはり英語と同様に，関係詞節のような島の内部から主節へのかき混ぜは許されない。

(11)　a.　ハナコは［この本を買った］男の人を探している。

　　　　b.　*この本をハナコは［＿＿＿＿買った］男の人を探している。

(11b)の文が表現しようとしている意味は(11a)と同じであり，(11a)の文は可能な文であることから，(11b)の非文法性の原因を(11b)の文の持つ意味に求めることはできない。したがって，英語の場合と同様に，(11b)が非文法的である理由は，関係詞節内から主節へのかき混ぜにあると考えられる。

4.2　UG原理からの母語獲得への予測

前節で議論した通り，英語においては *wh* 移動，日本語においてはかき混ぜという移動現象が存在し，どちらの場合も，関係詞節の内部から外部への移動を禁じる制約にしたがう。Chomsky (1973)によれば，この**複合名詞句制約**（Complex NP Constraint）と呼ばれる制約は，より一般的なUGの原理である**下接の条件**（Subjacency Condition）から導かれるものであり，UGの原理の反映であるがゆえに，英語と日本語のいずれにおいても観察されることになる。この考えが正しければ，関係詞節内から外部への移動を禁じる制約は，生得的に与えられた属性を反映しており，幼児はその知識を直接的に言語経験から学ぶ必要はないため，幼児の母語知識においても，移動現象は観察しうる最初期からこの制約を満たすことが予測される。

(12)　仮説：

　　　　関係詞節内からその外部への移動を禁じる複合名詞句制約は，UGの原理を反映したものである。

(13)　母語獲得への予測：

　　　　幼児の母語知識においても，観察しうる最初期から，移動現象は複合名詞句制約にしたがう。

4.3 幼児英語における移動の制約

UG の原理からの予測である(13)の妥当性を英語の獲得において検討するために，Otsu (1981)の研究では，3歳1か月から7歳11か月までの60名の英語を母語とする幼児を対象とした実験が実施されている。この実験は2種類のテストから成る。そのうちの1つは，「移動制約テスト」で，幼児が関係詞節内部からの抜き出しを禁じる複合名詞句制約を知識として持つかどうかを調べるためのものである。このテストは，例えば，図4.1にある絵を見せながら(14)のお話を幼児に聞かせ，その後に幼児に対して(15)の質問をするという形で実施された。

図 4.1　Otsu (1981)の実験で用いられた絵

(14)　Jane is drawing a monkey with a crayon.
　　　The monkey is drinking milk with a straw.
(15)　What is Jane drawing a monkey that is drinking milk with?

(15)の文は，with が付加されている位置に関して，潜在的に2つの可能性を持つ。1つの可能性は，(16a)に示すように，with は主節の要素であり，したがって関係詞節の外部に位置しているという構造である。この場合，with の目的語に相当する what を文頭へと移動させた wh 移動は，主節内で起こっており，関係詞節の内部から生じているわけではないので，移動制約に違反していない構造となる。with が主節に付加されているということは，with は drawing a monkey を修飾していることになるため，(15)に対する答えは(14)に照らして "(With) a crayon." となる。

　with の占める位置に関するもう1つの可能性は，(16b)に示すように，with は関係詞節に含まれる要素であり，drinking milk を修飾しているという可能性で

ある。この構造から生じるはずの答えは，(14)に照らすと，"(With) a straw." である。しかし，この構造では，with の目的語に相当する what を文頭へと移動させる *wh* 移動は関係詞節の内部から生じるため，複合名詞句制約に違反することとなる。したがって，英語を母語とする成人の話者にとっては，(15)に対して "(With) a straw." と答えることは不可能である。

(16) a. What is Jane drawing a monkey [that is drinking milk] with ____?
　　 b. *What is Jane drawing a monkey [that is drinking milk with ____]?

　Otsu (1981)は，1つの文が潜在的には複数の構造の可能性を持つ(15)のような文を利用し，英語を母語とする幼児が成人と同様に複合名詞句制約の知識を持つのであれば，(15)に対して，"(With) a crayon." と答えることはあっても "(With) a straw." と答えることはないと考えた。しかし，このような振る舞いを示すためには，幼児は *wh* 移動と複合名詞句制約の知識を持つことに加え，そもそも関係詞節を含む文の構造を正しく処理できることが前提となる。Otsu (1981)は，この点を確認するために，もう1つのテストとして「関係詞節テスト」を実施した。このテストには，2つの課題が含まれていた。1つの課題は，実験者が幼児に(17a)のような文を聞かせ，幼児は人形を使ってその意味するところを動作で示すという課題(動作課題)である。そして，もう1つの課題は，実験者が幼児に絵を見せながら(17b)のような文を聞かせ，幼児はその文を繰り返して発話するという課題(復唱課題)である。

(17) a. The cow kissed the horse [that jumped over the elephant].
　　 b. John is painting a dog [that is eating lunch with a fork].

　英語を母語とする幼児が，*wh* 移動とそれに対する複合名詞句制約の知識を持っていたとしても，それらの知識を正しく使うためには，関係詞節を含む複雑な文を処理することができなければならない。したがって，Otsu (1981)は，「移動制約テスト」と「関係詞節テスト」の間に，以下のような相関関係が成り立つと予測した。

(18) a.「関係詞節テスト」に合格する幼児は，「移動制約テスト」にも合格する。
　　 b.「関係詞節テスト」に合格しない幼児は，「移動制約テスト」にも合

格しない。

Otsu (1981)の実験で得られた結果は，(19)に示した通りである。なお，「移動制約テスト」に関しては，(14)と(15)のようなお話と質問のセットが4セット用意され，4セット中3セット以上について正答した幼児が「合格」と判断された。また，「関係詞節テスト」に関しては，動作課題で与えられた3文のうち，2文以上に対して正しく動作を行うことができ，かつ復唱課題で与えられた4文のうち，3文以上に対して正しく復唱できた場合に，その幼児が「合格」と判断された。

(19) Otsu (1981)による実験の結果

		関係詞節テスト	
		合格	不合格
移動制約テスト	合格	21人	9人
	不合格	7人	23人

「関係詞節テスト」に合格するか否かと，「移動制約テスト」に合格するか否かには，統計的に強い相関関係が見られた。この結果は，(18)の予測と合致するものであり，つまり英語を母語とする幼児は，関係詞節を含む文が扱えるようになるとすぐに複合名詞句制約の効果を示すと考えられる。したがって，Otsu (1981)は，観察しうる最初期から移動現象が複合名詞句制約にしたがうという(13)の予測が妥当であり，それはこの移動制約が UG の原理を反映しているという可能性を高めるものであると結論づけている。

4.4 幼児日本語における移動の制約

前節では，英語を母語とする幼児が，観察しうる最初期から移動現象(*wh* 移動)に対する制約にしたがうことを示す証拠を議論した。では次に，日本語を母語とする幼児も同様に移動現象(かき混ぜ)に対する制約にしたがうことを示した研究について議論しよう。

Sugisaki & Murasugi (2015a)は，UG の原理からの予測である(13)の妥当性を，日本語獲得におけるかき混ぜに関して検討するために，4歳11か月から6歳11

か月までの16名の幼児（平均年齢5歳10か月）を対象に実験を実施した。この実験では，幼児に図4.2にあるような写真を見せながら(20)のようなお話を聞かせ，その後に(21)あるいは(22)にあるような文を提示した。

図4.2 Sugisaki & Murasugi (2015a) の実験で用いられた写真

(20) お話：
コマさんとコマじろうは，妖怪保育園でクレヨンでお絵かきをして遊んでいます。コマさんは，「コマじろう，おらは，大好きな水色と緑色で電車を描いたずら。」と言いました。コマじろうは，「兄ちゃん，おらは大好きな茶色で電車を描いたずら。」と言いました。そこへ，いたずら好きのトゲニャンがやってきて，「水色よりオレンジ色の電車の方がかっこいいにゃ！」と言って，コマさんが水色で描いた電車をオレンジ色に塗ってしまいました。コマさんは言いました。「何するずら！　まあでもこれはこれで確かにかっこいいずら。」そこへ妖怪保育園の先生がやってきました。コマさんは先生に言いました。「先生，見て！　電車が上手に描けたずら。友だちのフミちゃんに見せたいずら。」

(21) 何色でトゲニャンは［コマさんが描いた］電車を塗っちゃったかな？
(22) トゲニャンは［コマさんが何色で描いた］電車を塗っちゃったかな？

(21)の文では，wh句である「何色で」が，かき混ぜの適用により文頭に現れ

ている。この wh 句のもともとあった位置に関しては，潜在的には 2 つの可能性がある。1 つの可能性は，(23a)に示すように，「塗った」と結びついている主節の位置であり，もう 1 つの可能性は，(23b)に示すように，「描いた」と結びついている関係詞節内の位置である。

(23)　a.　何色でトゲニャンは［コマさんが描いた］電車を＿＿塗っちゃったかな？

　　　b.　何色でトゲニャンは［コマさんが＿＿描いた］電車を塗っちゃったかな？

しかし，(23b)の構造では，「何色で」の文頭へのかき混ぜが関係詞節の内部から外部へと生じることになり，複合名詞句制約に違反することとなる。したがって，日本語を母語とする成人の話者にとっては，(21)に対して「水色」と答えることは不可能である。

　Sugisaki & Murasugi (2015a)は，日本語を母語とする幼児が成人と同様に複合名詞句制約の知識を持つのであれば，(21)に対して，「オレンジ色」という答えは許容するが，「水色」という答えは許容しないと考えた。また，この反応が，(20)にあるお話の中で「オレンジ色」という答えの方が顕著であるといった母語知識以外の要因から生じているわけではないことを保証するために，「何色で」が明らかに関係詞節内に含まれており，「水色」という答えが正答となる(22)のような質問を用意し，その質問に対する幼児の反応もあわせて確認した。

　16 名の幼児は 8 名ずつの 2 グループに分けられ，1 つのグループ(「実験群」)には，(20)のようなお話の後に(21)のようなかき混ぜを含む質問が提示され，もう 1 つのグループ(「統制群」)には，(22)のようなかき混ぜを含まない質問が提示された。この実験では，「質問への回答」と「真偽値判断法」(truth-value judgment task)が併用される形の調査方法が用いられた。まず，実験者の 1 名が幼児にお話を聞かせた後に，幼児に対して(21)あるいは(22)のような質問を提示し，幼児はその質問に対して答えることが求められた。その後，その実験者はもう 1 名の実験者が操る人形に対して同じ質問を行い，人形がその質問に「水色」と答えた後，幼児は人形の提示した答えが正しいものであったかどうかを，人形が手に持っている○と×のカードのいずれかを指すことによって判断することが求められた。実験は 4 問から成り，それぞれのグループの幼児に，2 つの練習文と，2 つのテスト文が用意された。

Sugisaki & Murasugi (2015a)によって得られた実験結果は以下のとおりであった。

(24)　Sugisaki & Murasugi (2015a)の実験結果

		(21) 何色でトゲニャンは［コマさんが描いた］電車を塗っちゃったかな？	
実験群	テスト文の例	(21) 何色でトゲニャンは［コマさんが描いた］電車を塗っちゃったかな？	
	wh 句の解釈	主節の要素として解釈	関係詞節の要素として解釈
	質問への回答	93.8%(15/16)	0%(0/16)
	「真である」という判断	——	0%(0/16)
統制群	テスト文の例	(22) トゲニャンは［コマさんが何色で描いた］電車を塗っちゃったかな？	
	wh 句の解釈	主節の要素として解釈	関係詞節の要素として解釈
	質問への回答	18.8%(3/16)	81.3%(13/16)
	「真である」という判断	——	81.3%(13/16)

実験群の幼児達は，(21)のように *wh* 句がかき混ぜによって文頭に現れている質問を提示された際には，93.8% の反応において主節の要素と解釈し，「オレンジ色」と答えた。(唯一の誤りは，「黄緑色」という無関係な答えであった。)また，人形が(21)に対して「水色」と答えた際，それが「正しい」と判断した反応は 0% であった。一方，統制群の幼児達は，(22)のように *wh* 句が関係詞節内に現れている質問を提示された際，81.3% の反応において関係詞節内の要素と解釈し，また人形が(22)に対して「水色」と答えた際，それが「正しい」と判断した反応も 81.3% であった。この結果に示される実験群と統制群の幼児達の反応の差からわかるように，実験群の幼児達は，(21)のような文が与えられた際，実験で用いられたお話のデザインなどの母語知識以外の要因からではなく，移動現象に対する複合名詞句制約の知識に基づいて，*wh* 句を主節の要素として解釈していると考えられる。したがって，Sugisaki & Murasugi (2015a)の実験で得られた結果は，日本語を母語とする幼児が，観察しうる最初期からかき混ぜに対して複合名詞句制約を適用しており，それはこの移動制約が UG の原理を反映して

44——第 2 部　言語獲得における UG 原理の早期発現

いるという可能性を高めるものと言える。

4.5　本章のまとめ

　本章では，英語と日本語のどちらにおいても，移動と呼ばれる現象が存在し，英語では *wh* 移動，日本語ではかき混ぜと呼ばれる現象がその具体例であることを議論した。さらに，これらの移動現象が，関係詞節内部から外部へと生じることを禁じる制約に共通してしたがうことを観察した上で，Chomsky (1973) に基づき，この複合名詞句制約と呼ばれる制約がより一般的な UG の原理の反映であると仮定した。この仮定から，幼児の母語知識においても観察しうる最初期から移動が複合名詞句制約にしたがうという予測を導き出し，その予測が妥当であることを確認した研究を，英語の獲得および日本語の獲得の両方から取り上げ，その調査方法と結果を概観した。これらの研究は，UG の原理が母語獲得の早期に発現するという点を，移動現象に対する制約に関して示したものであり，それによって UG の原理が生得的に備わっているという仮説のもっともらしさを高めたものである。

考えてみよう！

(A)　Sugisaki & Murasugi (2015a) の実験では，(21)(22) のような文に加えて，(25) のような文を実験に含め，幼児がこのような文をどのように解釈するかを同時に確認している。このような文の解釈を確かめる必要があるのはなぜだろうか。

(25)　誰にコマさんは [絵を見せたいって] 言ってたかな？

(B)　(A) に照らすと，Otsu (1981) の実験では，(15) のような文に加えて，どのような文を調査する必要があると考えられるだろうか。

(C)　英語の *wh* 移動や日本語のかき混ぜは，日本語の例 (26) が示すように，関係詞節に加えて，「～ので」で導かれる節からの移動も禁じられている。では，日本語を母語とする幼児がこの制約に関する知識を持つか否かを調べるためには，どのような実験を行えばよいだろうか。お話やテスト文も含めて，具体的なデザインを考えてみよう。

(26)　a.　ハナコは [みんながその本を買うので] 違う本を買った。

b. *その本をハナコは[みんなが＿＿買うので] 違う本を買った。

参考文献

松岡和美, 上田雅信, 平田未季, 藪いずみ. 2005. Truth-Value Judgement Task(真偽
値判断課題)：実験セッションの手順と注意点.『慶應義塾大学日吉紀要：言語・文
化・コミュニケーション』35, pp. 1-17.

Otsu, Yukio. 1981. *Universal Grammar and Syntactic Development in Children: Toward
a Theory of Syntactic Development.* Doctoral dissertation, Massachusetts Institute of
Technology.（Chapter 4 を読んでみよう。https://dspace.mit.edu/ にて検索し, ダウ
ンロード可能）

Sugisaki, Koji, and Keiko Murasugi 2015a. Scrambling and its locality constraints in
child Japanese. Manuscript.（http://faculty.human.mie-u.ac.jp/~sugisaki/papers.html
にてダウンロード可能）

第 5 章　*wh* 疑問文に対する制約

> **本章のポイント**
> ✓ 英語と日本語の *wh* 疑問文が共通に満たすべき制約にはどのようなものがあるだろうか。
> ✓ 英語や日本語を母語とする幼児が持つ母語知識においても，この制約が満たされていることを示唆する証拠は何だろうか。

5.1　英語・日本語における *wh* 疑問文とその制約

　前章で議論したように，英語の *wh* 疑問文は，文頭に *wh* 句を移動させることによって形成され，通常，この *wh* 移動は義務的である。

（1）　What will Ken buy ＿＿＿？

一方，(1)に相当する日本語の *wh* 疑問文である(2)では，このような義務的な *wh* 移動は見られない。もちろん，(3)のように，*wh* 句が文頭に現れている文も可能であるが，前章において議論したように，日本語は英語と比べて語順が比較的自由であり，この自由語順という性質によって，*wh* 句が文頭に現れていると考えられる。

（2）　ケンは何を買いますか。
（3）　何をケンは買いますか。

　英語と日本語の *wh* 疑問文は，このように，義務的な *wh* 移動をその形成において含んでいるか否かという点で異なるが，果たしてそれらが共通に満たすべき制約は存在するのだろうか。

第 5 章　*wh* 疑問文に対する制約——47

　英語の *wh* 句は，どのような場所からも自由に移動できるわけではなく，ある一定の場所からは移動できないことを前章で観察した。その具体例の 1 つは，関係詞節内から主節への *wh* 移動を含む(4b)の文が非文法的となるという事実であった。

（4）　a.　Hanako saw the man [that bought this book].
　　　　b.　*What did Hanako see the man [that bought _____]?

　このように移動が不可能となる環境には，他に，動詞の目的語位置に埋め込まれた疑問文(いわゆる「間接疑問文」)の内部からの移動がある。(5a)のように，動詞がその目的語位置に *wh* 疑問文を伴っている場合や，(6a)のように，動詞がその目的語位置に yes/no 疑問文を伴っている場合，それらの埋め込まれた疑問文の内部から主節への *wh* 移動が起こると，(5b)や(6b)のように非文法的となってしまう。このような間接疑問文からの移動を禁ずる制約は，**WH の島制約**(*wh*-island condition)として知られている。

（5）　a.　Hanako knows [where Ken bought this book].
　　　　b.　*What does Hanako know [where Ken bought _____]?
（6）　a.　Hanako knows [whether Ken bought this book].
　　　　b.　*What does Hanako know [whether Ken bought _____]?

一方，(7a)のように，動詞がその目的語位置に伴っている埋め込み文が平叙文の場合には，その埋め込み文から主節への *wh* 移動は可能である。

（7）　a.　Hanako knows [that Ken bought this book].
　　　　b.　What does Hanako know [that Ken bought _____]?

　では，(6b)や(7b)に相当する日本語の文を考えてみよう。

（8）　ハナコは [ケンが何を買ったか] 言いましたか。
（9）　ハナコは [ケンが何を買ったと] 言いましたか。

埋め込み文として疑問文を伴っている(8)も，平叙文を伴っている(9)も，どちらも文法的な文となっており，一見すると日本語は英語と異なった振る舞いを示しているように見える。あるいは，WH の島制約も，前章で議論した複合名詞句制約と同様に，移動に対する制約であると考えると，英語の文(6b)に相当す

る日本語の文(8)が文法的であることは，移動を含んでいないことから導かれる当然の帰結と言えるかもしれない。

しかし，日本語の文(8)の持つ解釈を考慮に入れると，英語の文(6b)との間に存在する共通性が浮かび上がってくる。(8)の文に対する典型的な答えは，(10)に示すように，「はい」あるいは「いいえ」であり，文脈によっては，「はい／いいえ」の答えに加えて，「この本です」のように，*wh* 句が要求している情報が付加される。つまり，その本質的な解釈は yes/no 疑問文であり，*wh* 疑問文ではないことがわかる。

(10)　　Q： ハナコは［ケンが何を買ったか］言いましたか。
　　　　A1： はい。(この本です。)
　　　　A2：*この本です。

上記の点をよりはっきり示す例が(11)である。「〜かどうか」に導かれた節を動詞の目的語位置に埋め込み，その節の中にある要素を尋ねる *wh* 疑問文を形成すると，(11b)に示されるように，非文法的となる。

(11)　a.　ハナコは［ケンがこの本を買ったかどうか］知っています。
　　　b.＊ハナコは［ケンが何を買ったかどうか］知っていますか。

(10)と(11b)の疑問文の文法性の違いは，埋め込み文を導いている要素の違いから生じると考えられる。(10)の場合には，*wh* 句が，埋め込み文を導いている「か」と結びつくことができるので，埋め込み文が *wh* 疑問文を形成し，主節の「か」は yes/no 疑問文であることを示す要素として解釈される。一方，(11b)の場合には，埋め込み文が(英語の if のように)yes/no 疑問文であることを示す「かどうか」で導かれているために，*wh* 句は必然的に主節の「か」と結びつくことになり，文全体としては *wh* 疑問文としての解釈が要求される。(11b)が非文法的であるという事実は，(10)で示した事実と同様に，埋め込まれた疑問文の中にある *wh* 句を，主節の「か」と結びつけ，文全体を *wh* 疑問文として解釈することが不可能であることを示している。

以上の議論を整理すると，(12)に示したような英語の *wh* 疑問文が非文法的であるという事実は，(13a)に示すような日本語の文が yes/no 疑問文として解釈され，*wh* 疑問文として解釈されないという事実，および(13b)に示した日本語の疑問文が非文法的であるという事実と同種の現象であると考えることができる。

(12) a. *What does Hanako know [where Ken bought ____]?
　　 b. *What does Hanako know [whether Ken bought ____]?

(13) a. 　ハナコは［ケンが何を買ったか］言いましたか。
　　 b. *ハナコは［ケンが何を買ったかどうか］知っていますか。

これらの背後には，およそ(14)のような制約があると仮定することにしよう。

(14) WH の島制約：
　　　埋め込まれた疑問文の中にある *wh* 句が，主節に作用を及ぼし，それに
　　　より文全体が *wh* 疑問文としての解釈を持つことはできない。

英語では，埋め込み節内に生じた *wh* 句が主節に作用を及ぼすためには，主節の
文頭の位置へと移動する必要があるが，(12)の例のように，その埋め込み節が
疑問文の場合には，(14)の制約によって非文法的になる。日本語では，埋め込
み節内の *wh* 句が主節に作用を及ぼすためには，主節に存在して疑問文であるこ
とを示す要素である「か」(あるいは「の」)と結びつく必要があるが，その埋め込
み節が疑問文の場合には，(14)の制約によってその結びつきが阻止される。
(13a)のように，埋め込み節内にも「か」がある場合には，埋め込み節内にある
wh 句はその「か」と結びつき，主節の「か」は yes/no 疑問文であることを示す
要素として解釈される。一方，(13b)のように，埋め込み節が「かどうか」で導
かれている場合には，*wh* 句は主節の「か」と結びつかざるを得ず，必然的に
(14)に違反して非文法的になる。

5.2　UG 原理からの母語獲得への予測

前節で議論した(14)の制約は，英語では *wh* 移動に対する制約として具現する
が，一方，日本語では，文が *wh* 疑問文として解釈されうるかどうかを定める制
約として具現する。このような違いはあるものの，英語・日本語の両方の言語に
おいて *wh* 疑問文に対する制約として機能しているという点を考慮すると，UG
の原理を反映した制約であると考えられる。Chomsky (1973)によれば，上記の
制約は，前章で議論した複合名詞句制約と同様に，より一般的な UG の原理であ
る下接の条件から導かれるものである。この仮説が正しければ，*wh* 疑問文に対
する制約(14)は，生得的に与えられた属性を反映しており，幼児はその知識を

直接的に言語経験から学ぶ必要はないため，幼児の母語知識においても，wh 疑問文は観察しうる最初期からこの制約を満たすことが予測される．

(15) 仮説：
wh 疑問文に対する WH の島制約は UG の原理を反映したものである．
(16) 母語獲得への予測：
幼児の母語知識における wh 疑問文は，観察しうる最初期から WH の島制約にしたがう．

5.3 幼児英語における WH の島制約

UG の原理からの予測である(16)の妥当性を英語の獲得において確認しようとした研究に，de Villiers, Roeper & Vainikka (1990)がある．彼らは，3歳7か月から6歳11か月までの英語を母語とする25名の幼児を対象に，お話を聞かせ，その後に幼児に質問をするという方法を用いた実験を実施した．お話のサンプルと，それと一緒に提示された絵は以下の通りである．

図 5.1　de Villiers, Roeper & Vainikka (1990)の実験で用いられた絵

第 5 章　*wh* 疑問文に対する制約——51

(17)　お話のサンプル：

　(a)　Kermit and Cookie Monster were baking.

　(b)　Big Bird came in and wanted to help someone. He wanted to do his favorite kind of baking, but he didn't know who he should help.

　(c)　So he asked Birt with a big shout: "Who should I help with my favorite kind of baking?"

　(d)　Here's a picture of Big Bird.
　　　Now listen carefully to my questions: "What is Cookie Monster wearing?"

(17)の後に提示されたテスト文は，(18)である。

(18)　How did Big Bird ask [who to help]?

　a.　How did Big Bird ask ＿①＿ [who to help]?

　b.　How did Big Bird ask [who to help ＿②＿]?

(18)の疑問文は，how の元位置に関して，2 つの構造的な可能性を持っている。1 つの可能性は，(18a)に示すように，how は主節の動詞である ask に関してその方法を尋ねる *wh* 句であり，その元位置は主節にある①の位置であるという可能性である。この場合，上記のお話において該当する答えは，"With a big shout." となる。もう 1 つの可能性は，(18b)に示すように，how は埋め込まれた *wh* 疑問文の中にある動詞の help に関して，その方法を尋ねる *wh* 句であり，その元位置は埋め込み節にある②の位置であるという可能性である。この場合，上記のお話において該当する答えは，"With his favorite kind of baking." となる。英語を母語とする成人の母語知識においては，(14)に述べた WH の島制約の働きにより，間接疑問文の内部からの移動が禁じられるため，(18)の文に対しては，(18a)の構造のみが許容され，how は主節の動詞である ask に関してその方法を尋ねる *wh* 句として解釈されることになる。もし幼児の母語知識にも WH の島制約が存在するのであれば，同様に，(18a)の構造のみが許容されるはずである。つまり，文頭の *wh* 句は，主節から移動した要素として解釈され，間接疑問文の内部から移動した要素としては解釈されないことが予測される。

　de Villiers, Roeper & Vainikka (1990)は，英語を母語とする幼児の知識に WH の島制約が反映されているか否かを調べるために，その実験の一部において，

(19)から(21)のような *wh* 疑問文を幼児に提示し，それぞれの文において，*wh* 句が主節にある①の位置から移動したものと解釈されるか，それとも埋め込み節内にある②の位置から移動したものと解釈されるかを調査した．

(19)　Who did the girl ask ___①___ [to help ___②___]?

(20)　Who did the girl ask ___①___ [what to throw ___②___]?

(21)　Who did Big Bird ask ___①___ [how to throw ___②___]?

実験の結果は，(22)の通りであった．

(22)　de Villiers, Roeper & Vainikka (1990)による実験の結果

埋め込み文の種類	文頭に移動した *wh* 句の解釈	
	主節内の位置①	埋め込み節内の位置②
(19)のような，*wh* 句で導かれていない不定詞節	68%(34/50)	32%(16/50)
(20)のような，what で導かれた不定詞節	70%(35/50)	2%(1/50)
(21)のような，how で導かれた不定詞節	63%(63/100)	30%(30/100)

　英語を母語とする幼児は，(19)のような *wh* 句で導かれていない不定詞節を伴う *wh* 疑問文の場合には，32% の割合で，文頭の *wh* 句が埋め込み節内から移動したものとして解釈した．一方，(20)のような，what で導かれた不定詞節を伴う *wh* 疑問文の場合には，文頭の *wh* 句が埋め込み節内から移動したものとして解釈された割合はわずか 2% であった．(21)のような，how で導かれた不定詞節の場合には，このような答えが 30% と比較的高く，この点は問題として残るが，(19)のような *wh* 疑問文と(20)のような *wh* 疑問文との間に見られる解釈の差は，英語を母語とする幼児が持つ知識においてすでに WH の島制約が機能している可能性を示唆するものと考えられる．

5.4　幼児日本語における WH の島制約

　前節では，英語を母語とする幼児が，観察しうる最初期から WH の島制約にしたがっていることを示唆する実験結果を議論した．では，日本語を母語とする

幼児も同様に，WHの島制約にしたがうのだろうか。

　Otsu (2007)は，この問いに答えるために，日本語を母語とする3歳児20名と4歳児20名を対象とした実験を行った。この実験では，幼児と人形にお話を聞かせ，そのお話の後に実験者が人形に対して疑問文を用いて質問を行い，その人形の疑問文に対する返答が適切であったかどうかを幼児が判断するという方法が用いられた。お話のサンプルと，それに伴うテスト文は(23)と(24)の通りである。

(23)　お話のサンプル：
　　　太郎君と花子さんがなかよくテレビでドラえもんを見ていました。そこへ，おかあさんがおかしを持ってきてくれました。そして，太郎君に「太郎は誰が好きなの」と聞きました。太郎君は「もちろん，ドラえもんさ」と答えました。おかあさんは花子さんにも「花子は誰が好きなの」と聞きました。花子さんはほんとうはのび太君が好きなのですが，ちょっとはずかしかったので，「ひみつ」と答えました。

(24)　テスト文：
　　　a. おかあさんは花子さんに誰が好きか聞きましたか。
　　　　　人形の答え：はい。
　　　b. 花子さんは誰が好きか言いましたか。
　　　　　人形の答え：はい。
　　　c. おかあさんは太郎君にも誰が好きか聞きましたか。
　　　　　人形の答え：はい。
　　　d. 太郎君は誰が好きと言いましたか。
　　　　　人形の答え：はい。

　この実験において，もっとも重要なテスト文は(24b)と(24d)である。これらの文における唯一の構造的な違いは，埋め込み節が，疑問文であることを表す「か」で導かれているか，それとも平叙文であることを表す「と」で導かれているかという点である。埋め込み節が「か」で導かれている(24b)では，(14)に述べたWHの島制約の働きにより，文全体はwh疑問文としては解釈できず，yes/no疑問文としての解釈を受けるため，人形の「はい」という答えは文法的な答えとなる。しかし，お話の内容に照らすと，「いいえ」という答えが適切であるため，幼児には「人形の答えが誤っている」という反応が期待される。一方，埋

め込み節が平叙文であることを表す「と」で導かれている(24d)は，WH の島制約が関与しないため，文全体が *wh* 疑問文としての解釈を受けることとなり，したがって人形の「はい」という答えは非文法的な答えとなる。Otsu (2007)は，幼児が(24b)に対しても(24d)に対しても人形の答えを排除できることを示すことにより，幼児の母語知識において WH の島制約が機能していることを明らかにすることを試みた。

Otsu (2007)の実験では，(23)のようなお話と(24)のようなテスト文が各幼児に 2 組ずつ提示され，得られた結果は(25)のとおりであった。

(25) Otsu (2007)による実験の結果：

テスト文の種類	人形の「はい」という答えに対する幼児の判断	
	「正しい」という判断	「正しくない」という判断
(24b)のような「…か…か」文	0%(0/80)	100%(80/80)
(24d)のような「…と…か」文	7.5%(6/80)	92.5%(74/80)

実験結果は，日本語を母語とする幼児が，(24b)のような文に対しても(24d)のような文に対しても，正しく，「人形の『はい』という答えが誤っている」という反応を示すことができることを明らかにするものであった。Otsu (2007)は，この実験結果に基づき，日本語を母語とする幼児の母語知識においても，英語を母語とする幼児と同様に，観察しうる最初期から WH の島制約が反映されていると結論づけている。

Otsu (2007)の実験結果は，大変興味深いものであるが，Sugisaki & Murasugi (2015b)の研究が指摘するように，重要な問題点を 1 つ抱えている。(14)に述べた WH の島制約は，日本語においては，(24b)のような文に対し，埋め込まれた疑問文に含まれる *wh* 句が主節に作用を及ぼすことができず，それにより文全体が *wh* 疑問文としての解釈を持つことができないことを定める制約である。日本語を母語とする幼児がこの制約を知識として持つことを示すためには，幼児が(24b)のような疑問文に対して *wh* 疑問文としての解釈を与えないことを示す必要がある。Otsu (2007)の実験で示されたのは，幼児が(24b)のような疑問文に yes/no 疑問文としての解釈を与えうるという点のみであり，この文に対して *wh* 疑問文の解釈を与えないかどうかについては明らかにされていない。この問題点を解決する実験を行うことで，日本語を母語とする幼児が WH の島制約にした

がうことをよりはっきりと示す証拠が得られるだろう。

5.5　本章のまとめ

　本章では，英語と日本語の *wh* 疑問文が，*wh* 句が文頭に義務的に移動するか否かという点において異なっているにもかかわらず，WH の島制約と呼ばれる制約に共通にしたがうことを観察した。そして，Chomsky (1973)に基づき，この制約がより一般的な UG の原理の反映であると仮定し，それにより，幼児の母語知識においても観察しうる最初期から WH の島制約が満たされているという予測を導き出した。この予測が妥当であるか否かを調査した研究として，英語を母語とする幼児を対象とした de Villiers, Roeper & Vainikka (1990)による実験と，日本語を母語とする幼児を対象とした Otsu (2007)による実験を取り上げ，その調査方法と結果を整理した。どちらの実験も，問題点は残されているものの，WH の島制約の背後にある UG の原理が母語獲得の早期に発現する可能性が高いという結果を提示していると言えるだろう。

考えてみよう！

(A)　de Villiers, Roeper & Vainikka (1990)による英語を母語とする幼児を対象にした実験では，テスト文として不定詞節を伴う文が用いられている。では，(5)～(7)のような，時制を持つ平叙文や疑問文を埋め込み節として伴うテスト文を用いて実験を行うことは可能だろうか。お話やテスト文も含めて，具体的なデザインを考えてみよう。

(B)　de Villiers, Roeper & Vainikka (1990)による実験では，幼児に質問を行い，それに対して幼児が答えるという方法を用いて実験が行われた。では，Otsu (2007)の実験のように，人形が実験者の質問に答え，幼児がその答えの妥当性を判断するという方法を用いて実験を行うことは可能だろうか。(A)の問いに対して提案するデザインにこの方法を組み込んでみよう。

(C)　Otsu (2007)の実験をどのように修正することによって，5.4 節の最後で指摘した問題を解決することができるだろうか。Otsu (2007)の実験デザインを基に，具体的な修正デザインを考えてみよう。

参考文献

de Villiers, Jill, Tom Roeper, and Anne Vainikka. 1990. The acquisition of long-distance rules. In *Language Processing and Language Acquisition*, eds. Lyn Frazier and Jill de Villiers, 257–297. Dordrecht: Kluwer.

Sugisaki, Koji, and Keiko Murasugi. 2015. *Wh*-islands in child Japanese revisited. In *BUCLD 39 Online Proceedings Supplement*, eds. Elizabeth Grillo, Kyle Jepson, and Maria LaMendola.（http://www.bu.edu/bucld/supplementvol39/ にてダウンロード可能）

第6章 「なぜ」に対する制約

本章のポイント

✓ 英語の why や日本語の「なぜ」を含む疑問文はどのような制約にしたがうだろうか。

✓ 日本語を母語とする幼児の言語知識においても「なぜ」がこの制約にしたがうことを示す証拠は何だろうか。

6.1 日本語の「なぜ」・英語の why とその制約

第5章に続いて，本章においても，日本語と英語の wh 疑問文およびその制約について考えてみることにしたい。本章では特に，日本語の「なぜ」・英語の why を含む wh 疑問文に焦点を絞って議論を行うことにする。

6.1.1 日本語の「なぜ」とその制約

まず，日本語の「なぜ」を含む単純な wh 疑問文である(1)について考えてみよう。

（1） a. なぜケンはテレビをつけたの？
　　　 b. なぜケンはポップコーンを食べたの？

wh 疑問文である(1a)が求めている情報は，典型的には，ケンが「テレビをつけた」理由であり，答えの例としては，「野球の試合が見たかったから」といった答えが考えられる。一方(1b)が求めている情報は，典型的には，ケンが「ポップコーンを食べた」理由であり，答えの例としては，「お腹が空いてしまったから」のような答えを考えることができる。これらの例からわかるように，「なぜ」を含む wh 疑問文は，通常，その文の動詞句によって示される動作が行われた理

由を尋ねる疑問文である。

では，(1)にある2つの文を「〜前に」によってつなげた場合，「なぜ」に関してどのような解釈が得られるだろうか。

（2） なぜテレビをつける前にケンはポップコーンを食べたの？

日本語を母語とする成人話者は，(2)のような *wh* 疑問文が与えられた場合，尋ねられているのはケンが「ポップコーンを食べた」理由であって「テレビをつける」理由ではないと判断し，したがって「お腹が空いてしまったから」のような答えは自然であるが，「野球の試合が見たいから」といった答えは非常に不自然な答えであるという判断を行うであろう。(2)の文は(1)にある2つの文をつなげたものであり，2つの動詞句を含んでいるという点を考慮すると，この現象は不思議な現象である。なぜ(2)の文では「テレビをつける」理由を尋ねることができないのであろうか。

この問いを考える際に手がかりを与えてくれるのが，(3)の文が非文法的であるという観察である。

（3）*[テレビをなぜつける前に] ケンはポップコーンを食べたの？

(2)の文と(3)の文において唯一異なる点は，「なぜ」の位置である。(3)の文では，「なぜ」は，「〜前に」で導かれた節の目的語である「テレビを」の直後に置かれており，したがって，「〜前に」の節の中に含まれた位置に存在していることが明らかである。(3)の文の非文法性を説明するために，(4)のような制約が存在すると仮定することにしよう。

（4） 「なぜ」に対する制約：
　　　「なぜ」が占める位置は「〜前に」で導かれた節の中に存在することができない。

この制約を用いて，(2)の文が持ちうる解釈も説明できるだろうか。(2)の文では，(3)とは異なり，「なぜ」が文頭に置かれているため，その構造的位置としては，以下の2通りの可能性が存在するはずである。

（5） a. なぜ [テレビをつける前に] ケンはポップコーンを食べたの？
　　　 b. *[なぜテレビをつける前に] ケンはポップコーンを食べたの？

第6章 「なぜ」に対する制約——59

(5a)の構造では，「なぜ」は「〜前に」で導かれた節には含まれておらず，主節に含まれた要素である。主節に含まれているがゆえに，「なぜ」が尋ねているのは主節の動詞句である「ポップコーンを食べた」によって示される動作の理由となる。一方，(5b)の構造では，「なぜ」は「〜前に」で導かれた節の中に位置しており，したがって「なぜ」が尋ねるのは，この埋め込まれた節に含まれる動詞句である「テレビをつける」によって示される動作の理由となる。しかし，(5b)の構造は，(4)に述べた「なぜ」に対する制約に違反するため，許されない構造である。つまり，(2)の文が「ポップコーンを食べた」理由のみを尋ねることができ，「テレビをつける」理由を尋ねることができないという現象も，(3)の文の非文法性と同様に，(4)の制約によるものと考えることができる。

6.1.2 英語の why とその制約

では，英語の why も，日本語の「なぜ」と同様に，(4)のような制約にしたがうのだろうか。(2)に相当する英語の文である(6)を考えてみよう。

（6） Why did Ken eat popcorn before turning on the TV?

英語を母語とする成人話者は，日本語の場合と同様に，(6)のような *wh* 疑問文が与えられた際，尋ねられているのはケンが "eat popcorn" に示される動作を行った理由であって "turning on the TV" に示される動作を行う理由ではないと判断し，したがって "Because he was hungry." のような答えは自然であるが，"Because he wanted to watch a baseball game." といった答えは非常に不自然であるという判断を与える。英語の文(6)では，why は文頭に現れており，"Ken eat popcorn" という主節の要素よりも前に位置していて，主節に含まれていることが明らかである。ということは，(6)の文が持ちうる解釈は(4)の制約によるものなのかもしれないし，あるいは単に英語の why はそれが含まれる節(つまり主節)の動詞句とのみ結びつくという性質を持っているという可能性もある。

この2つの可能性を区別するために，before 節を含まない(7)のような文を考えよう。

（7） Why did Ken think his mother had already come back home?

もし文頭の why が主節の動詞句とのみ結びつくという性質を持つのであれば，before 節を含む(6)だけではなく，that 節を含む(7)においても，why は埋め込ま

60——第2部　言語獲得における UG 原理の早期発現

れた節内の動詞句に示された動作の理由を尋ねることができないはずである。しかし，実際には，(7)の文は，why が主節と結びつくことから生じる「(母親がもう帰ってきたと)ケンが思った理由」を尋ねる解釈と，埋め込み節と結びつくことから生じる「ケンが思うところの母親がもう帰ってきた理由」を尋ねる解釈の2つの解釈を許容する。したがって，前者の解釈から生じる答えの例として "Because Ken found her shoes at the entrance." のような答え，後者の解釈から生じる答えの例として "Because his mother wanted to watch her favorite TV program." のような答えが可能である。ということはやはり，(6)の文において why が主節の動詞句とのみ結びつきうるのは，(4)のような「〜前に」節との結びつきを禁ずる制約にしたがっているからであると考えられる。

では，(4)の制約が具体的に英語の文(6)にどのように適用されるかを考えることにしよう。(6)のような文に対して，完全な文(一切省略されていない文)で答えようとすると，(8)のようになるはずである。

（8）　Ken ate popcorn before turning on the TV <u>because he was hungry</u>.

because 節の存在する位置が，文頭に移動してきた why の元位置に相当すると考えると，文末にある why の元位置には2通りの構造的位置の可能性が存在するはずである。

（9）　a.　　Ken ate popcorn [before turning on the TV] <u>why</u>
　　　　b.　　Ken ate popcorn [before turning on the TV <u>why</u>]

(9a)の構造では，why の元位置は before で導かれた節には含まれておらず，主節に含まれている。一方，(9b)の構造では，why の元位置は before で導かれた節の中にある。(6)の文が "turning on the TV" に示される動作を行った理由を尋ねることができないという観察は，英語では(4)の制約が why の元位置に対し適用されると考えることによってうまく説明することができる。つまり，(9b)の構造では，why の元位置が before で導かれた節に含まれているため，(4)の制約に違反することになり，それゆえ(6)の文は "turning on the TV" に示される動作を行った理由を尋ねることができないのである。

日本語の「なぜ」と英語の why の両方に関与するという観察を踏まえ，(4)の

制約を(10)のように述べなおすことにしよう。

(10)　「なぜ」に相当する語に対する制約：
　　　「なぜ」に相当する語が占める(元)位置は，「～前に」に相当する語で導かれた節の中に存在することができない。

6.2　UG 原理からの母語獲得への予測

「なぜ」に相当する語に対する制約(10)は，英語・日本語・中国語など，さまざまな言語に共通して存在することが知られている。類型的に異なった言語間においてこのような共通性が見られるという観察は，「なぜ」に対する制約が UG の原理を反映したものであるということから生じていると考えられる。この考えが正しければ，(10)の制約は生得的に与えられた属性を反映したものであり，言語経験から直接的に学ぶ必要はないため，幼児は観察しうる最初期から「なぜ」に対する制約にしたがうことが予測される。

(11)　仮説：
　　　「なぜ」に相当する語に対する制約(10)は，UG の原理を反映したものである。
(12)　母語獲得への予測：
　　　幼児は，観察しうる最初期から，「なぜ」に相当する語に対する制約(10)にしたがう。

6.3　幼児日本語における「なぜ」に対する制約

UG の原理からの予測である(12)の妥当性を日本語の獲得において検討するために，Sugisaki (2012)の研究では，3 歳 10 か月から 6 歳 5 か月までの 37 名の日本語を母語とする幼児(平均年齢 5 歳 1 か月)を対象とした実験が実施されている。この実験では，実験者が幼児に**図 6.1** のような写真を見せながら(13)のようなお話を聞かせ，その後に(14)および(15)のような文を用いて幼児に質問を行った。

62 ── 第 2 部　言語獲得における UG 原理の早期発現

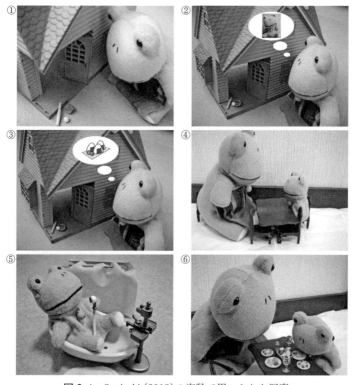

図 6.1　Sugisaki (2012) の実験で用いられた写真

(13)　お話：

　　カエルさんのお母さんがお買い物から帰ってくると，玄関に野球の道具がおいてあります。お母さんは，それを見てカエルさんが帰ってきたんだなと思いました。きっと，たくさん遊んでおなかが空いたから帰ってきたんだと思いました。家に入ってみると，テーブルのところにカエルさんが座っていました。カエルさんはお母さんに言いました。「野球してきたからおなかがぺこぺこだよ。ご飯食べようよ。」お母さんはカエルさんに言いました。「野球したなら体が泥だらけですよ。お風呂で洗ってきなさい。」カエルさんは泥だらけの体をお風呂場で洗いました。お風呂から帰ってくると，おなかがぺこぺこのカエルさんはおいしいご飯をたくさん食べました。

(14)　なぜごはんを食べる前にカエルさんはお風呂へ行ったの？

（15）　なぜカエルさんがもうおうちに帰ってきたとお母さんは思ったの？

　文頭に「なぜ」を含む(14)の質問は，(2)の文と同様に，「なぜ」の構造的位置に関して2通りの可能性を持つ。

（16）　a.　なぜ［ごはんを食べる前に］カエルさんはお風呂へ行ったの？
　　　　b. *［なぜごはんを食べる前に］カエルさんはお風呂へ行ったの？

(16a)の構造では，「なぜ」は主節の要素であるため，「お風呂へ行った」理由を尋ねることになり，お話の中では，「(野球をして)体が泥だらけだったから」という答えが与えられている。一方，(16b)の構造では，「なぜ」は「〜前に」の節に含まれているため，「ご飯を食べる」理由を尋ねることになり，お話の中では「(野球をして)おなかがぺこぺこだったから」という答えが与えられている。(16b)の構造は，「なぜ」に対する制約(10)の違反となるため，もし日本語を母語とする幼児の母語知識の中に，すでに(10)の制約が含まれているのであれば，幼児は(14)の質問に対して「体が泥だらけだったから」という答えのみを示し，「おなかがぺこぺこだったから」という答えを示さないはずである。

　しかし，もし幼児が「体が泥だらけだったから」という答えのみを示したとしても，必ずしもそれが「おなかがぺこぺこだったから」という答えを不可能だと判断しているからであるとは限らない点に注意が必要である。仮に幼児が(10)の制約の知識を持っていなかったとしても，つまり幼児にとっては(16a, b)のいずれの構造も可能な構造であったとしても，もし幼児の母語知識の中に「なぜ」を主節と結びつけて解釈する強い傾向が存在していたならば，幼児は(16a)の構造を選ぶことを好み，結果として「体が泥だらけだったから」という答えばかりを示すことになるはずである。

　このような可能性が妥当であるかどうかを確認するために用意されたのが(15)の質問である。この文では，埋め込み文が「と」で導かれているため，that節を含む英語の文(7)と同様に，「なぜ」の2種類の構造的位置がどちらも可能である。

（17）　a.　なぜ［カエルさんがもうおうちに帰ってきたと］お母さんは思ったの？
　　　　b.　［なぜカエルさんがもうおうちに帰ってきたと］お母さんは思ったの？

(17a)の構造では，「なぜ」は主節に含まれるため，（カエルさんがおうちに帰っ
てきていると）「お母さんが思った」理由を尋ねることになり，お話の中では「玄
関に野球の道具があったから」という答えが用意されている。一方，（17b)の構
造では，「なぜ」は「〜と」で導かれた埋め込み文に属しているため，（お母さん
が思うところの）「カエルさんがおうちに帰ってきた」理由を尋ねることになり，
お話の中では，「たくさん遊んでおなかが空いたから」という答えが用意されて
いる。もし幼児が「なぜ」を主節と結びつけて解釈する強い傾向を持つのであれ
ば，「〜前に」で導かれた節を含む(14)の質問だけではなく，「〜と」で導かれ
た節を含む(15)の質問に対しても，（17a)の構造を選ぶことを好み，「玄関に野
球の道具があったから」という答えばかりを示すはずである。

　(13)のようなお話とそれに伴う(14)(15)のような質問を各幼児に2つずつ提
示することから得られた結果は，(18)の通りである。

(18)　Sugisaki (2012)による実験の結果

質問の種類	幼児の答えの種類	回答率
「〜前に」を含む(14)のような質問	「なぜ」を主節と結びつけた答え（「(野球をして)体が泥だらけだったから」）	98.6%（73/74)
	「なぜ」を「〜前に」の節と結びつけた答え（「(野球をして)おなかがぺこぺこだったから」）	1.4%（1/74)
「〜と」を含む(15)のような質問	「なぜ」を主節と結びつけた答え（「玄関に野球の道具があったから」）	36.5%（27/74)
	「なぜ」を「〜と」の節と結びつけた答え（「たくさん遊んでおなかが空いたから」）	44.6%（33/74)

　実験結果に示される通り，日本語を母語とする幼児は，「〜前に」の節を含む
(14)のような質問が与えられた際，一貫して「なぜ」を主節と結びつけて解釈
する反応を示した。一方で，「〜と」で導かれた埋め込み文を含む(15)のような
質問が与えられた際には，「なぜ」を主節と結びつけて解釈する傾向を示すこと
はなく，若干ではあるが，「なぜ」を埋め込み文と結びつける傾向の方が強かっ
た。(14)のような質問に対する幼児の反応と(15)のような質問に対する幼児の
反応は全く異なったものであるため，幼児の母語知識の中に「なぜ」を主節と結
びつけて解釈する強い傾向が存在するとは考えられない。したがって，幼児が

「～前に」の節を含む(14)のような質問において，「なぜ」を主節と結びつけて解釈する原因は，幼児がすでに「なぜ」に対する制約(10)を知識として持つからに他ならないと考えることができる。幼児が観察しうる最初期から「なぜ」に対する制約(10)にしたがうという発見は，この制約が UG の原理を反映しているという可能性を高めるものである。

6.4　本章のまとめ

　本章では，日本語の「なぜ」および英語の why のいずれもが，「～前に」に相当する語で導かれた節の内部と結びつくことができないことを観察し，その背後にある制約について議論した。日本語と英語という類型的に異なった言語に共通して存在するという観察に基づき，この「なぜ」に対する制約が生得的な UG の原理の反映であると仮定した。この仮定から，幼児の母語知識においても観察しうる最初期から「なぜ」に対する制約が機能しているという予測を導き出し，その予測の妥当性を日本語を母語とする幼児を対象に確認した実験を取り上げ，その調査方法と結果を整理した。この実験結果は，UG の原理が母語獲得の早期に発現するという点を，「なぜ」に対する制約に関して示したものであり，その発見は UG の原理が生得的に備わっているという仮説のもっともらしさを高めるものである。

考えてみよう！

(A)　Sugisaki (2012)は，「～前に」で導かれた節を含む文における「なぜ」の解釈に関して得られた実験結果が，幼児が「なぜ」に対する制約を知識として持つことから生じているのか，それとも幼児が「なぜ」を主節と結びつけて解釈する傾向を持つことから生じているのかを区別するために，「～と」で導かれた埋め込み文を含む質問を幼児に対して与えている。しかし，真偽値判断法を用いて，「～前に」で導かれた節を含む質問における2つの答えの可能性に関する幼児の判断を直接確認することができれば，「～と」で導かれた埋め込み文を含む質問は不要となるはずである。「なぜ」に対する制約の知識を日本語を母語とする幼児が持つか否かを真偽値判断法を用いて調べるにはどのような実験を行えばよいか，お話やテスト文も含めて，具体的なデザインを考えてみよう。

（B） 日本語の「なぜ」は，「〜前に」で導かれた節の内部だけではなく，関係詞節の内部にも存在することができない。したがって，(19)のような文においては，「なぜ」は友人が「学校を休んだ」理由を尋ねることはできず，ケンがその友人に「会いに行った」理由のみを尋ねることができる。

(19)　なぜ学校を休んだ友人にケンは会いに行ったの？

　「なぜ」が関係詞節内に現れることができないという制約を日本語を母語とする幼児が知識として持つか否かを調べるにはどのような実験を行えばよいだろうか。お話やテスト文も含めて，具体的なデザインを考えてみよう。

参考文献

Lasnik, Howard, and Juan Uriagereka. 1988. *A Course in GB Syntax: Lectures on Binding and Empy Categories*. Cambridge, Massachusetts: MIT Press.（「なぜ」に相当する語に対する制約が，理論的研究において，より正確にはどのような制約であると考えられているかを理解するために，4.4節を読んでみよう。）

Sugisaki, Koji. 2012. LF *wh*-movement and its locality constraints in child Japanese. *Language Acquisition* 19: 174-181.

第7章　スルーシングに対する制約

【本章のポイント】

✓ 英語・日本語において観察されるスルーシングとはどのような現象
　だろうか。また，スルーシングはどのような制約にしたがうだろうか。
✓ 日本語を母語とする幼児の言語知識においてもスルーシングが制約
　にしたがうことを示す証拠は何だろうか。

7.1　英語・日本語のスルーシングとその制約

第5章・第6章では，英語と日本語の *wh* 疑問文について議論し，それらがし
たがう制約に関して，幼児が成人と同様の知識を持つことを確認した。本章では，
wh 疑問文において観察されるスルーシングと呼ばれる省略現象を取り上げ，そ
の省略現象が満たすべき制約を理解したうえで，幼児の母語知識におけるスルー
シングがそれらの制約にしたがうかどうかを確認した研究について議論しよう。

7.1.1　英語のスルーシングとその制約

英語では，(1a)のような文が与えられた際，(1b)のように，*wh* 句を残してそ
の節の中にある他の要素すべて(この場合は，we were looking for)を省略するこ
とが可能である。(1b)に例示されるような省略現象は**スルーシング**(sluicing;
Ross 1969)と呼ばれている。

（1）　a.　We were looking for somebody, but I don't remember who we were
　　　　　looking for.
　　　b.　We were looking for somebody, but I don't remember <u>who</u>.

Hankamer & Sag (1976)の研究によると，スルーシングは，その適用を受ける

68——第 2 部　言語獲得における UG 原理の早期発現

文より前に発話された文において，省略される部分に該当する要素が発音を伴って表出されている場合にのみ可能である。このような先行詞が存在せず，発話の場面・状況のみに基づいてスルーシングを適用してしまうと，（3）に示されるように，おかしな文となってしまう。（文頭の記号 # は当該の例文が意図された文脈では不適切であることを示す。）

（2）　Hankamer:　　Someone's just been shot.

　　　　Sag:　　　　　Yeah, I wonder who.

（3）　発話の状況：

　　　　Hankamer が銃を製造し，人がいないと思われる方に向けて発砲してみたところ，叫び声が聞こえた。

　　　　Sag:　　 # Jesus, I wonder who.

　スルーシングは，発音を伴って表出されている先行詞が必要であるという制約に加えて，その先行詞と省略される部分とが同一でなければならないという制約にもしたがう。この「同一」の意味するところを理解するために，まず(4)の文について考えよう。

（4）　Decorating for the holidays is easy if you know how!

　　　　a. *. . . how［decorating for the holidays］

　　　　b. . . . how［to decorate for the holidays］

(4)では，how を含む節にスルーシングが適用されることによって，how 以下が省略されている。how はその直後に to 不定詞で導かれた動詞を伴うことはできるが，-ing 形の動詞を伴うことはできない。(4)の文において，先行詞となるべき部分が -ing 形であるにもかかわらず，スルーシングの適用が可能であるという事実は，スルーシングによって省略される部分とその先行詞との同一性が意味的なものであり，意味が同じであれば形式が異なっていてもスルーシングが適用できるということを示していると解釈できる。

　この点を踏まえたうえで，(5)の文について考えてみよう。

（5）　a.　Someone hired Ken, but we don't know by whom Ken was hired.

　　　　b. *Someone hired Ken, but we don't know by whom.

(5a)の文では，先行詞となる文の動詞が能動態であり，スルーシングの適用対象

となりうる(埋め込まれた)*wh*疑問文に含まれる動詞が受動態である。能動態とそれに対応する受動態の文は,本質的な意味において同一である(つまり,一方が真となる状況では必ず他方も真となる)と考えられるが,それにもかかわらず,(5a)に対してスルーシングを適用してしまうと,(5b)に示されたとおり,非文法的となってしまう。Merchant (2013)による研究は,(5b)の非文法性を説明するために,およそ(6)に述べるような制約の存在を提案している。

(6) スルーシングに対する制約:
　　　スルーシングによって省略される動詞と,その直前にあって省略の先行
　　　詞となる文に含まれる動詞は,態において同一でなければならない。

　次項では,この制約が英語に固有のものであるのか,それとも日本語に対しても当てはまるものであるのかについて議論しよう。

7.1.2　日本語のスルーシングとその制約

　日本語においても,英語のスルーシングに相当すると考えられる現象が存在している。例えば,(7a)の文が与えられた際,*wh*句と疑問文標識である「か」を残してその節に含まれる他の要素すべてを省略することが可能であり,(7b)は文法的な文となる。

(7) a. 我々は誰かを探していたが,私は誰を我々が探していたか思い出せ
　　　　ない。
　　　b. 我々は誰かを探していたが,私は誰をか思い出せない。

Takahashi (1994)の研究によると,(7b)に含まれる省略現象は,英語のスルーシングと同様に,省略される部分に該当する要素が発音を伴って表出されている場合にのみ可能であり,発話の場面・状況のみに基づいて省略を適用してしまうと,(9)に示されるように,おかしな文となる。

(8) 話者A:プロ野球チームのスカウトが誰かを探しているみたいだ。
　　　話者B:僕は誰をかわからない。
(9) 発話の状況:
　　　大学の野球チームのメンバーが練習をしている。彼らは,スタンドに,
　　　プロ野球チームのスカウトを見つけ,誰かをスカウトするために来たこ

とを察する。

話者 B：#僕は誰をかわからない。

　日本語の(7b)のような文に含まれる省略が，英語のスルーシングと同様に発音を伴って表出されている先行詞を必要とするという観察は，この省略現象が英語のスルーシングと本質的に同じ現象である可能性を高める。さらに，日本語のスルーシングは，英語のそれと同様に，Merchant (2013)の提案したスルーシングに対する制約にしたがう。

（10）　a.　誰かがケンを雇ったが，我々は誰にケンが雇われたのか知らない。
　　　　b.　*誰かがケンを雇ったが，我々は誰にか知らない。

(10a)の文では，先行詞となる文の動詞が能動態であり，スルーシングの適用対象となりうる(埋め込まれた)*wh*疑問文に含まれる動詞が受動態である。この場合，スルーシングを適用してしまうと，（10b）に示されたとおり，非文法的となってしまうため，スルーシングに対する制約(6)が日本語にも当てはまると考えられる。

　ここまでの議論を簡単にまとめると，英語・日本語のいずれにおいてもスルーシングと呼ばれる省略現象が存在しており，その省略現象は，（i) 発音を伴って表出されている先行詞が必要であるという制約と，（ii) Merchant (2013)の提案した態の一致に関する制約(6)にしたがう。

7.2　UG 原理からの母語獲得への予測

　スルーシングにおける態の一致に関する制約(6)は，英語と日本語という類型的に見て大きく異なった言語間において共通に観察されることから，UG の原理を反映したものであると考えられる。この考えが正しければ，(6)の制約は生得的に与えられた属性を反映したものであり，言語経験から直接的に学ぶ必要はないため，幼児は観察しうる最初期からスルーシングに対する制約にしたがうことが予測される。

（11）　仮説：
　　　　スルーシングに対する制約(6)は，UG の原理を反映したものである。
（12）　母語獲得への予測：

幼児は観察しうる最初期からスルーシングに対する制約(6)にしたがう。

7.3 幼児日本語におけるスルーシングに対する制約

スルーシングに対する制約(6)が UG の原理を反映したものであるという仮説から導かれた母語獲得への予測(12)の妥当性を確かめるために,Sugisaki (2015b)による研究は,日本語を母語とする幼児 21 名(4 歳 7 か月から 6 歳 6 か月まで,平均年齢は 5 歳 7 か月)を対象とした実験を実施している。

この実験において,被験者は,提示されるテスト文の種類が異なる以下の 2 グループに分類された。

(13) a. 「不一致」グループ:
　　　　　態の不一致を含むテスト文を提示されたグループ。
　　　　　(先行詞が能動態の動詞を含み,スルーシング文が受動態の動詞を含む。)
　　　 b. 「一致」グループ:
　　　　　態の一致を含むテスト文を提示されたグループ。
　　　　　(先行詞・スルーシング文の両方が受動態の動詞を含む。)

この実験における幼児の課題は,実験者が提示する質問に答えることである。より具体的には,次のような手順で行われる。まず,実験者が,各幼児に,ノートパソコン上で写真を提示しながら,お話を聞かせる。お話の後に,実験者の操る人形が幼児に対して,お話の内容に基づいた質問を行う。幼児の課題は,この人形からの質問であるテスト文に答えることである。

「不一致」グループに対するテスト文の例を(14)に,「一致」グループに対するテスト文の例を(15)に示す。

(14) 「不一致」グループに対するテスト文の例:
　　　　誰かが髪の毛を引っ張ったってライオンさんが言ってたけど,[誰にか]わかる?
(15) 「一致」グループに対するテスト文の例:
　　　　誰かに髪の毛を引っ張られたってライオンさんが言ってたけど,[誰にか]わかる?

「不一致」グループに提示されたテスト文(14)は，以下のような考慮のもとに用意されたものである。「に」という助詞はさまざまな用法があり，例えば，「ケンはハナコにありがとうと言った。」という文に例示されるような，「言う」の対象者を示す用法を持っている。また，「ケンはハナコに押された。」という文に例示されるように，受動態の文において動作主を示す用法も持っている。これらの2つの用法に基づいて，(14)に例示した態の不一致を含む文を考えると，日本語を母語とする成人話者にとっては，この文に含まれる「誰に」は，スルーシングに対する制約(6)の効果により，「誰に言ったかわかる？」のように，主節にある能動態の動詞「言う」と結びつけた解釈に限定される。なぜならば，「誰に」を「誰に髪の毛を引っ張られたかわかる？」のように，受動態の文の動作主として解釈してしまうと，先行詞となる埋め込み文の動詞が「引っ張った」という能動態の形をとっているため，(6)の制約に違反してしまうからである。言い換えれば，(14)のテスト文が与えられた際，「誰にかわかる？」というスルーシング文を「誰に言ったかわかる？」と解釈し，「誰に髪の毛を引っ張られたかわかる？」と解釈しないためには，(6)の制約の知識を持つことが必要とされる。したがって，(14)のような質問を幼児に与え，それに対してどのように答えるかを調べることで，幼児が(6)の制約を知識として持つかどうかを知ることができるはずである。

　一方で，仮に幼児が(14)の文に対して「誰に言ったかわかる？」という解釈のみを与えた場合，その解釈が(14)に付随するお話から得やすい解釈であったという可能性もある。この可能性について確認するために，(15)のようなテスト文を用意し，「一致」グループの幼児に提示した。この文では，先行詞となる埋め込み文の動詞が「引っ張られた」という受動態の形をとっているため，「誰に」は「誰に言ったかわかる？」のように主節の「言う」と結びついた解釈も，「誰に髪の毛を引っ張られたかわかる？」のようにスルーシングを適用された受動態の文の動作主としての解釈も可能である。したがって，(14)のような態の不一致を含む文と(15)のような態の一致を含む文を同じお話の後に提示し，お話が同一であるにもかかわらず(14)の質問と(15)の質問に対する答え方に違いが見られるのであれば，幼児がすでに(6)に述べたスルーシングに対する制約の知識を持っており，それを用いて答えを判断していると考えられる。

　この実験では，スルーシングに対する制約(6)に関する知識を調べるための(14)あるいは(15)のような文が，各幼児に対し4文提示された。また，(14)や

(15)のような文を解釈できるためには，受動態の文を正しく解釈できる必要があるため，受動態の文と能動態の文を正しく区別して解釈できるか否かを調べるためのテスト文が4文用意された。

(14)と(15)のテスト文に付随するお話は，(16)と(17)のとおりである。また，実際に実験に用いられた写真もあわせて提示する（図7.1）。

図7.1　Sugisaki (2015b)の実験で用いられた写真

(16) お話の例：「不一致」グループ
　　妖怪保育園で，パンダさんとライオンさんが，電車のおもちゃで遊んでいます。そこへ，いたずら好きのお友達がやってきて，ライオンさんの髪の毛を引っ張りました。「わあー，誰？」びっくりしたライオンさんが後ろを振り返りましたが，誰もいません。そこへ，妖怪保育園の先生がやってきました。ライオンさんは，大好きな先生に，「誰かが髪の毛を引っ張ったんだよ。」と言いました。

(17) お話の例：「一致」グループ
　　妖怪保育園で，パンダさんとライオンさんが，電車のおもちゃで遊んでいます。そこへ，いたずら好きのお友達がやってきて，ライオンさんの髪の毛を引っ張りました。「わあー，誰？」びっくりしたライオンさんが後ろを振り返りましたが，誰もいません。そこへ，妖怪保育園の先生がやってきました。ライオンさんは，大好きな先生に，「誰かに髪の毛

を引っ張られたんだよ。」と言いました。

　上記のお話では，ライオンさんの髪の毛を引っ張った動作主として「おさるさん」，ライオンさんが「言った」相手として，（妖怪保育園の先生に設定されている）「ジバニャン」が与えられている。なお，「誰に言ったかわかる？」という *wh* 疑問文としての解釈が自然となるように，妖怪保育園の先生の顔はこちらに見えないような写真となっている（④の左手前がジバニャン＝妖怪保育園の先生）。実験者と幼児に，顔がはっきり見えてしまっていると，その人物が誰かを尋ねるのは文脈上不自然となってしまうからである。

　21名の幼児を対象に実験を実施したところ，3名の幼児が，能動文と受動文の区別に関する知識を確かめるためのテスト文に対して全問正解とはならなかった。これらの幼児は，そもそも受動文の知識をまだ獲得していない可能性があるため，結果分析の対象外とした。残りの18名から得られた結果を整理したのが(18)の表である。

(18)　Sugisaki (2015b)による実験の結果

	幼児の数	「誰に」の解釈	
		主節の「言う」と結びついた解釈	埋め込み文である受動態の動作主としての解釈
「不一致」グループ	9	91.7%(33/36)	8.3%(3/36)
「一致」グループ	9	0	100%(36/36)

　先行詞となる埋め込み文の動詞が受動態である(15)のような文を提示された「一致」グループの幼児達は，「誰にかわかる？」というスルーシング文を一貫して「誰に髪の毛を引っ張られたかわかる？」のように埋め込まれた受動態の文の動作主として解釈した。この観察は，(16)や(17)のようなお話が与えられた際，「誰に」に対して複数の解釈が可能な場合には，受動態の動作主（つまり，髪の毛を引っ張る行為を行った人）としての解釈が最も顕著であることを示唆する。それにもかかわらず，先行詞となる埋め込み文の動詞が能動態である(14)のような文を提示された「不一致」グループの幼児達は，「誰にかわかる？」というスルーシング文を「誰に言ったかわかる？」と解釈する傾向，つまり「誰に」を主

節の能動態の動詞「言う」と結びつけて解釈する傾向を強く示した。このような「不一致」グループと「一致」グループの間に見られる「誰に」の解釈に関する大きな差は，日本語を母語とする幼児がすでにスルーシングに対する制約(6)に関する知識を持っており，それゆえ(14)のような質問に対して「誰に髪の毛を引っ張られたかわかる？」という解釈，つまり埋め込まれている受動態の文に対してスルーシングを適用した解釈を与えることがないことを示していると考えられる。この発見は，(6)の制約が観察しうる最初期から日本語を母語とする幼児の言語知識の中に存在するという，(12)に述べた予測が妥当であることを明らかにしたものと言える。

7.4　本章のまとめ

　本章では，英語と日本語に共通に存在するスルーシングと呼ばれる省略現象を取り上げ，この省略が適用される際に，省略される部分とその先行詞となる部分の動詞の態が一致していなければならないという制約について議論した。日本語と英語という類型的に異なった言語に共通して存在するという観察に基づき，このスルーシングに対する制約が生得的な UG の原理の反映であると仮定し，この仮定から，幼児の母語知識においても観察しうる最初期からスルーシングに対する制約が機能しているという予測を導き出した。本章で紹介した日本語を母語とする幼児を対象とした実験の結果は，その予測が妥当であることを示すものである。この予測は，(6)の制約が生得的な UG の原理を反映した属性であるという仮説から導かれたものであるため，本研究で得られた結果は，スルーシングに対する制約(6)が UG の原理を反映している可能性，およびより一般的には，UG の原理が存在し，それが観察しうる最初期から母語獲得を制約しているという仮説の妥当性を高めたものと言える。

考えてみよう！

(A)　Sugisaki (2015b) の研究は，スルーシングが満たすべき制約(6)に関して，その制約が日本語を母語とする幼児の母語知識の中に存在することを実験によって確かめた。では，この制約が英語を母語とする幼児の母語知識の中に存在することを確かめるためには，どのような実験を行えばよいだろうか。テスト文とそれに付随す

76——第2部　言語獲得における UG 原理の早期発現

るお話を含め，具体的なデザインを考えてみよう。

（B）　第4章において，英語の *wh* 移動は，(19)に例示されるように，関係詞節内からその外部への移動を禁ずる制約にしたがうことを議論した。

(19)　*What did Hanako see the man [that bought ____]?

しかし，Merchant (2001)によると，スルーシングを適用することによって，この移動に対する制約の違反を回避することができる。

(20)　Hanako saw the man [that bought something], but I don't know what.

では，英語を母語とする幼児が，スルーシングの適用によって移動制約の違反を回避することができるという知識を持つか否かを調べるためには，どのような実験を行えばよいだろうか。第4章で議論した，英語を母語とする幼児が持つ移動制約の知識に関する Otsu (1981)の実験を基にして考えてみよう。

参考文献

Merchant, Jason. 2001. *The Syntax of Silence: Sluicing, Islands, and Identity in Ellipsis.* New York: Oxford University Press.

Merchant, Jason. 2013. Voice and ellipsis. *Linguistic Inquiry* 44: 77–108.

第3部
言語獲得におけるパラメータの関与

第8章 言語の異なり方を司る生得的な仕組み：パラメータ

> **本章のポイント**
> ✓ 言語の異なり方を司る生得的な仕組みが UG に含まれていると仮定する根拠は何だろうか。
> ✓ 言語の異なり方を司る生得的な仕組みは，母語獲得に対してどのような予測をするだろうか。

8.1 UG 原理の早期発現：残された問い

第2章から第7章までは，UG の中にすべての言語が満たすべき制約である原理が含まれていることを示す証拠を議論してきた。その証拠は，簡単にまとめると，以下の2つの観察から成り立っている。

(A) 英語と日本語という，類型的に大きく異なった言語が共通に満たしている制約が存在する。

(B) 英語や日本語を母語とする幼児は，観察しうる最初期からこの制約にしたがっている。

これら2つの観察は，(A) 成人の言語の間に見られる共通性の存在と，(B) 母語獲得における早期発現という，全く別の現象である。しかし，生成文法理論は，母語獲得を支える生得的な仕組みである UG を仮定し，その中にすべての言語が満たすべき制約が存在すると仮定することによって，上記の2つの観察を密接に結びつけている。英語と日本語に共通する制約がなぜ存在するのかという点に関し，その制約がすべての言語が満たすべき制約である原理の反映であると仮定することによって説明を与え，さらにその原理がヒトに遺伝により生得的に与えられた UG に含まれていると仮定することにより，それらの制約が母語獲得の最

初期から機能するという予測を生み出しているのである。そして，UG に基づく
母語獲得研究は，この予測が妥当であることを，さまざまな言語現象の獲得に関
して，説得力を持って示してきた。

　しかし，UG 原理の早期発現に関する研究が明らかにしたのは，一定の言語現
象に関して，幼児は観察しうる最初期から成人と同質の知識を持つということで
ある。この発見は，UG 原理の生得性に対して支持を与える一方で，母語獲得に
関して非常に大きな問いを残す。母語の獲得過程を観察してみると，幼児は，生
後 4〜5 年程度かけて，さまざまな変化を示しながら，徐々に成人の母語知識に
近づいていくように見える。幼児が観察しうる最初期から成人と同質の知識を持
つという発見は，そもそもなぜ母語獲得には時間がかかるのか，さらに，なぜ幼
児は少なくとも表面的には成人と異なった言語現象を示すのか，という根本的な
問いを生じさせる。つまり，これまでの章で概観してきた UG 原理の早期発現に
関する研究は，生得的な UG の存在に対する証拠を提示する一方で，母語の獲得
には一定の時間が必要であるという基本的な観察に対しては何ら説明を与えてい
ないと言える。

　母語獲得に関してのみではなく，成人の持つ母語知識に関しても，重要な問い
が残っている。第 1 章で議論したように，言語間に見られる普遍性については，
すべての言語において具現されている絶対的な普遍性のみではなく，「X という
属性を持つ言語は Y という属性も持つ」といった含意の形で述べられる普遍性
も存在する。UG の原理は，絶対的な普遍性がなぜ存在するのかという点に関し
て，生物学的な説明を与えるものである。一方，これまでの議論は，なぜ含意的
普遍性が存在するのかに関しては十分な説明を与えていない。含意的普遍性に関
しても，絶対的普遍性と同様に，なぜそれが存在するのかという点に対して，
UG に基づく生物学的な説明が与えられることが望ましいと考えられる。

　以上，まとめると，これまで議論してきた UG 原理の早期発現に関する研究は，
次の 2 つの問いを生じる。

　Q1：なぜ母語獲得には時間が必要とされるのか。
　Q2：なぜ世界の言語は含意に基づく普遍性を示すのか。

　生成文法理論は，これら 2 つの異なる問いに対して，**パラメータ**(parameter)
という仕組みを UG 内に仮定することによって，統一的な説明を与えている。次
節では，パラメータという仕組みの性質とその必要性について議論しよう。

8.2 言語の異なり方を司る生得的な仕組みの必要性

パラメータという仕組みの必要性を理解するために，日本語と英語の間に見られるいくつかの代表的な違いについて整理してみよう。

日本語と英語の最も顕著な違いの1つに，動詞とその目的語の語順がある。日本語では，動詞は目的語の後に置かれるが，英語では，動詞がその目的語に先行する。

（1） a. 我々は野菜を食べる。
　　　 b. We eat vegetables.

語順に関する他の違いとして，英語は前置詞型の言語だが，日本語は後置詞型の言語という点があげられる。

（2） a. 名古屋から
　　　 b. from Nagoya

英語は主語と動詞の**一致**(agreement)現象を示し，主語の人称・数に応じて動詞の形が義務的に変化するが，日本語にはこのような義務的な一致が見られない。

（3） a. 私は毎朝リンゴを食べる。/ ケンは毎朝リンゴを食べる。
　　　 b. I eat apples every morning. / Ken eats apples every morning.

日本語は，一致現象を示さない一方で，豊かな格助詞を持つ。しかし，英語は格助詞を持たず，代名詞などの限られた場合を除き，格は表面上具現されない。

（4） a. ハナコがケンを雇った。
　　　 b. Hanako hired Ken.

日本語は，Kuno (1973)による有名な例が示すように，主格の格助詞を伴った，主語と思われる要素を1つの文の中に複数持つことが可能であるが，英語はこのような**多重主語構文**に相当する文を許容しない。

（5） a. 文明国が男性が平均寿命が短い。
　　　 b. *Civilized countries, male, the average lifespan is short.

第8章　言語の異なり方を司る生得的な仕組み：パラメータ——81

　日本語は，複数の主語を持つだけでなく，多くの場面において主語や目的語を表出しないで済ませることも可能である。しかし，英語では，主語や目的語が必ず表出される必要がある。

（6）　a.　Q：Did Ken buy that computer?
　　　　　　A：Yes, he bought it. / *Yes, ___ bought ___.
　　　b.　Q：ケンはあのパソコンを買いましたか。
　　　　　　A：はい，_____　_____　買いました。

　日本語は，比較的自由な語順を持ち，目的語と主語の順序を入れ替えることができるが，英語はこのような自由な語順を持たない。

（7）　a.　ハナコがケンにその本をあげた。
　　　b.　ケンにその本をハナコがあげた。
　　　c.　Hanako gave that book to Ken.
　　　d.　*To Ken, that book, Hanako gave.

　一方，英語は，第4章・第5章で議論した通り，*wh* 疑問文を形成する際に，義務的に *wh* 句を文頭へと移動させるという語順の変化を必要とする。しかし，日本語には，このような義務的な *wh* 移動は存在せず，*wh* 句は元位置にとどまることが可能である。

（8）　a.　ケンは何を買いますか。
　　　b.　What will Ken buy?

　また，日本語の *wh* 疑問文は，(8a) に示されるように，文末に疑問文であることを示す標識の「か」や「の」を置くことができるが，英語にはこのような疑問文標識が存在しない。

　日本語と英語には他にもさまざまな違いがあるが，ここではとりあえず，これまで取り上げた9種類の違いに限定して，議論を進めていくことにしよう。9種類の違いは，簡単にまとめると，以下の通りである。

（9）　a.　動詞が目的語に先行するか後続するか。
　　　b.　前置詞型か後置詞型か。
　　　c.　主語と動詞の義務的な一致が存在するか否か。

82——第3部　言語獲得におけるパラメータの関与

    d.　豊かな格助詞を持つか否か。

    e.　多重主語構文を許容するか否か。

    f.　主語・目的語を表出しないで済ませることが可能か否か。

    g.　自由な語順を持つか否か。

    h.　義務的な *wh* 移動を持つか否か。

    i.　疑問文であることを示す標識を持つか否か。

　もし世界の言語が，これら9種類の違いに関して，自由に異なり得るのであれば，9種類の違いに限定したとしても，（2の9乗から）512通りの異なり方が存在することになる。もちろん，日本語と英語の違いは上記の9種類以外にも存在するので，異なる点がもう1つあれば，世界の言語の可能な異なり方は1024通り，さらにもう1つあれば世界の言語の可能な異なり方は2048通りとなり，可能性はどんどん広がっていく。一方で，当然の事実として，幼児は必ず母語を獲得することができるので，限られた時間内に，どうしてこのような莫大な可能性の中から自分の獲得すべき言語と合致した組み合わせを発見できるのか，という問いが生じる。

　幼児が一定期間内に必ず獲得しようとしている言語に合致した組み合わせを発見できること，および前節でも述べた通り，世界の言語が含意的普遍性を示すことを考慮すると，これら9種類の違いは，全く独立したものではなく，互いに密接に関係していると考えることができる。例えば，上記の9種類の違いの間に，以下のような関係が存在すると仮定してみよう。

（10）a.　目的語が動詞の前に置かれる言語は後置詞型で，目的語が動詞の後に置かれる言語は前置詞型である。

      b.　主語と動詞の義務的な一致を示す言語は，豊かな格助詞や多重主語構文を持たず，主語・目的語の省略や自由な語順を許容しない。一方，主語と動詞の義務的な一致を示さない言語は，豊かな格助詞や多重主語構文を持ち，主語・目的語の省略や自由な語順を許容する。

      c.　義務的な *wh* 移動を持つ言語は，疑問文であることを示す標識を持たず，一方，義務的な *wh* 移動を持たない言語には，疑問文であることを示す標識が存在する。

　もし(9)に述べた9種類の違いの間に，(10)に述べたような密接な関係が存在

するのであれば，世界の言語における可能な異なり方は，（2の3乗から）たった8通りに限定される。幼児にとっては，言語経験に照らして512通りの中から正しい組み合わせを見つけ出すことよりも，言語経験に照らして8通りの中から正しい組み合わせを見つけることの方がはるかにやさしい作業であろう。つまり，表面上の多様性にもかかわらず，その背後では，言語の可能な異なり方が狭く限定されていると考えることにより，なぜ幼児は一定期間内に母語を獲得できるかという問いに対して，答えを与えることが容易になる。

　このような母語獲得からの考慮に基づき，Chomsky (1981)などで提案されている**UGに対する原理とパラメータのアプローチ**(principles & parameters approach to UG)では，UGは，すべての言語が満たすべき制約である原理に加えて，言語の可能な異なり方を制約する**パラメータ**を含むと仮定されている。パラメータは，（11）〜（13）に例示しているように，各パラメータの**値**(value)から複数の言語現象が導かれると考えることで，含意的普遍性が存在するという観察に対して生物学的な説明を与えることができる。（なお，（11）〜（13）にある各パラメータの名称は便宜上のものである。）

(11)　主要部パラメータ：

値1 $\begin{cases} （ i ）　動詞が目的語の後に置かれる。 \\ （ ii ）　後置詞型である。 \end{cases}$

値2 $\begin{cases} （ i ）　動詞が目的語の前に置かれる。 \\ （ ii ）　前置詞型である。 \end{cases}$

(12)　一致パラメータ：

値1 $\begin{cases} （ i ）　主語と動詞の義務的な一致を持たない。 \\ （ ii ）　豊かな格助詞を持つ。 \\ （iii）　多重主語構文を許容する。 \\ （iv）　主語・目的語の省略を許容する。 \\ （ v ）　自由な語順を持つ。 \end{cases}$

値2 $\begin{cases} （ i ）　主語と動詞の義務的な一致を持つ。 \\ （ ii ）　豊かな格助詞を持たない。 \\ （iii）　多重主語構文を許容しない。 \\ （iv）　主語・目的語の省略を許容しない。 \\ （ v ）　自由な語順を持たない。 \end{cases}$

84——第3部　言語獲得におけるパラメータの関与

(13)　*wh* 移動パラメータ：

値1 $\left\{\begin{array}{l}\text{（ i ）　義務的な }\textit{wh}\text{ 移動を持たない。}\\ \text{（ii）　疑問文であることを示す標識を持つ。}\end{array}\right.$

値2 $\left\{\begin{array}{l}\text{（ i ）　義務的な }\textit{wh}\text{ 移動を持つ。}\\ \text{（ii）　疑問文であることを示す標識を持たない。}\end{array}\right.$

　原理とパラメータのアプローチにおいては，母語獲得の過程は，幼児が各パラメータに関して，言語経験との照合に基づいて，獲得しようとしている言語と合致する値を選んでいく過程であると考えられている。日本語を獲得中の幼児であれば，言語経験に照らして，主要部パラメータ・一致パラメータ・*wh* 移動パラメータのそれぞれに関して，値1を選択することになり，英語を獲得中の幼児であれば，言語経験に照らして，これら3種類のパラメータのそれぞれに関して，値2を選択することになる。このように，各パラメータの値を固定していく際には，言語経験との照合が必要となり，その照合作業に一定の時間が必要であると考えることによって，なぜ母語獲得には一定の時間が必要とされるのかという問いに対しても答えを与えることができる。

　このように，含意的普遍性を生み出すようなパラメータという仕組みが UG 内に存在し，幼児は各パラメータに関して言語経験との照合を通して値を固定していくと考えることにより，前節で述べた2つの問い，つまりなぜ世界の言語には含意的普遍性が見られるのかという問いと，なぜ母語獲得には時間が必要なのかという問いに対して，統一的な答えを与えることができる。どちらに関しても，言語の可能な異なり方を定めるパラメータの存在から生じる結果と考えることができるのである。このような考慮が，パラメータという生得的な仕組みを仮定する根拠となっている。

8.3　パラメータから母語獲得への予測

　前節において，パラメータの存在を仮定する根拠を議論し，さらに(11)〜(13)において，パラメータの具体例を示したが，実際に UG の中にどのようなパラメータが存在するのか，またどれだけの数のパラメータが存在するのか，さらにはそもそもパラメータという仕組みが UG の中に本当に必要不可欠なのか，という問いはすべて未解決の研究課題である。これらの問いに答えを与えうる研

究方法の１つは，世界の言語を比較し，さまざまな言語現象の間にある密接な結びつきを明らかにしていくという方法であるが，異なる言語間において，どの言語現象とどの言語現象が同一の言語現象であるのかを定めていくのは容易ではない。例えば，Harves & Kayne (2012)の研究によると，need に相当する他動詞を持つか否かにおいて世界の言語は異なるが，果たして日本語には need に相当する他動詞があるかどうかは判断が難しい。日本語の「必要だ」は，英語のneed とは異なり，主格ではなく与格を伴った主語を持つことができ(例：ケンにお金が必要だ)，「必要としている」も，英語の need とは異なり，１語とは考えにくい。しかしながら，どちらの表現も意味的には英語の need ときわめて似ていると考えられる。このように，異なる言語間において同一の言語現象を見極めることに伴う難しさから，世界の言語の比較のみに基づいてパラメータに関する提案を行うと，一見すると反例と思われる言語が容易に出てきてしまうということが起こる。

　このような問題を回避するためには，パラメータからの母語獲得に対する予測を導き出し，その予測の妥当性を検討するという方法が必要となる。この方法では，単一の言語において複数の性質がどのような順序で獲得されるのかを問題とするため，異なった言語を比較する際に生じる問題に直面せずに済む。

　では，パラメータは母語獲得に対してどのような予測をすることになるのかを(やや抽象的な形で)考えてみよう。(11)～(13)にあげた例のように，X という性質と Y という性質が，あるパラメータの同一の値から導かれており，X という性質を持つ言語は Y という性質も持ち，同時に Y という性質を持つ言語は X という性質を持つという両方向の含意関係がパラメータによって定められているのであれば，X という性質が獲得された時点で X および Y を許容する値を選択していることになるため，X という性質と同時に Y という性質も獲得されるという予測が成り立つ。一方，仮に，X という性質を持つ言語の一部においてのみ Y という性質が存在するという一方向の含意関係がパラメータによって規定されているのであれば，X の存在が Y の存在に対する必要条件を成しているため，Y という性質を持っているにもかかわらず X という性質を持たない言語が世界に存在しないのと同様に，母語獲得過程において Y のみが観察される中間段階も存在しないはずである。つまり，Y という性質が X という性質よりも先に獲得されることはない，という予測が導かれる。

(14) パラメータからの予測①：獲得の同時性に関する予測

XとYという属性が，あるパラメータの同一の値から導かれている場合，幼児はXという属性とYという属性を同時に獲得する。

(15) パラメータからの予測②：獲得の順序に関する予測

Xという属性を持つ言語の一部においてのみYという属性が存在することがパラメータによって規定されている場合，幼児は，属性Xを属性Yよりも先に獲得するか，それらの属性を同時に獲得する。つまり，属性Yが属性Xよりも先に獲得されることはない。

また，もしあるパラメータが**デフォルト値**(default value)を持つ場合，つまりそのパラメータのいずれかの値が獲得の最初期から言語経験に先立ってとりあえずの値として指定されている場合，正しい値が選択されるまでの間，獲得しようとしている言語では許されないが他の言語では許される属性が幼児の発話に観察されるということが起こりうるはずである。

(16) パラメータからの予測③：デフォルト値からの予測

パラメータがデフォルト値を持つ場合，幼児の発話には，獲得しようとしている言語には存在せず，他の言語に存在する言語現象が観察されることがある。

次章以降においては，これらの予測が妥当であるかどうかを，英語や日本語の獲得過程に基づいて調査した研究を取り上げ，具体的に検討を行うことにする。それを通して，パラメータと母語獲得はどのように関わり得るのか，そしてパラメータの存在に対する母語獲得からの証拠は何かについて理解を深めよう。

考えてみよう！

(A) 8.2節の(12)で述べたように，多重主語構文の存在と自由語順の存在が一致パラメータの同一の値から導かれていると考えた場合，日本語を母語とする幼児は，多重主語構文と自由語順をどのような順序で獲得すると予測されるだろうか。

(B) Harves & Kayne (2012)は，以下のような言語の比較に基づき，他動詞の have に相当する語を持つ言語の一部においてのみ，他動詞の need に相当する語が存在すると主張した。この言語の異なり方に関する一般化がパラメータから導かれているのであれば，英語を母語とする幼児は，have と need をどのような順序で獲得す

ると予測されるだろうか。

	英　語	スペイン語	フランス語	ブルガリア語	ロシア語
have	あ り	あ り	あ り	あ り	な し
need	あ り	あ り	な し	な し	な し

参考文献

Harves, Stephanie, and Richard Kayne. 2012. Having 'need' and needing 'have'. *Linguistic Inquiry* 43: 120-132.

Sugisaki, Koji. 2009. On children's *NEEDs*. In *The Proceedings of the Seventh GLOW in Asia*, eds. Rajat Mohanty and Mythili Menon, 225-236. Hyderabad: EFL University Press.

第 9 章　空主語現象

本章のポイント

✓ 英語の獲得過程に見られる主語に関する誤りとは，どのような現象
であろうか。

✓ この誤りに対するパラメータを用いた説明はどのような仮定に基づ
いているだろうか。また，このパラメータに基づく説明は，英語の
獲得過程に対し，どのような予測をするだろうか。

9.1　英語獲得に見られる空主語現象

　母語獲得におけるパラメータの関与を主張した代表的な研究の最初の事例とし
て，英語獲得における主語の省略に関する研究について議論することにしよう。
　英語を獲得中の幼児は，およそ 1 歳頃から 3 歳頃の発話において，(1)のよう
な発話に加えて，(2)のような発話を示すことが知られている。

（ 1 ）　a.　I want doggie
　　　　b.　Gia ride truck
　　　　c.　Kathryn read this
（ 2 ）　a.　want more apples
　　　　b.　ride truck
　　　　c.　read bear book

(2)の文は，主語が表出していない文であり，一見すると命令文のような形式を
持っている。しかし，(2a)に含まれる want は，命令文には現れることのできな
い動詞であり，(2b, c)の発話も，その状況を考慮すると，命令文とは考えにく
い。つまり，(2)の文は，平叙文の主語が省略されてしまっている文であり，英

語を母語とする成人が持つ母語知識に照らして，誤った文である。同時期に(1)のような主語を伴った文も観察されるので，この時期の幼児が示す誤りは，主語を表出したりしなかったりするという誤りと言える。(2)に例示されるような，平叙文の主語が表出されない現象は，**空主語**(null subject)現象と呼ばれる。

(2)で省略されているのは，指し示す対象を持った主語であり，このような意味内容を持つ主語は，幼児が発話する文に現れたり現れなかったりするという特徴を示すが，一方で，同時期の幼児の発話において，意味内容を持たない主語は完全に欠如してしまっているという観察もなされている。このような**虚辞**(expletive)には，there や天候・時間の it がある。

（3） a.　Outside cold

b.　Yes, is toys in there

(3a)は "It's cold outside." という意味を持つ幼児の発話であり，(3b)は "Yes, there are toys in there." という意味を持つ幼児の発話である。これらの虚辞は，(2)で例示した意味内容を持つ主語の省略と異なり，この時期には全く現れないようである。

整理すると，英語を獲得中の1歳から3歳頃の幼児が行う発話において，主語に関する以下の2種類の誤りが観察される。

（4） a.　意味内容を持つ主語が省略される。

b.　虚辞が欠如している。

英語の獲得過程において，これらの誤りが生じるのはなぜだろうか。

9.2　空主語パラメータに基づく説明

Hyams (1986)による研究は，(4)にあげた幼児英語の特徴が，成人のイタリア語・スペイン語の持つ特徴と合致することに注目した。イタリア語の例(5b)は，代名詞の主語を含む(5a)の文に相当する意味を持ち，したがってイタリア語では意味内容を持つ主語の省略が可能であることがわかる。また，(6)の文は英語の "It rains today." に相当するイタリア語の文であり，イタリア語には虚辞が存在しないことを示している。

90——第3部　言語獲得におけるパラメータの関与

（5）　a.　Lui/Lei　mangia　una　mela

　　　　　　he she　eats　　an　　apple

　　　b.　Mangia　una　mela

　　　　　eats　　　an　　apple

（6）　Piove　oggi

　　　rains　today

　Hyams (1986)は，幼児英語がイタリア語・スペイン語などの他言語の特徴を示すことを説明するために，Rizzi (1982)などの研究に基づき，UGの中に，主語位置の特徴を司る**空主語パラメータ**(null-subject parameter)が存在すると仮定した。このパラメータを簡略に述べると，（7）のようになる。

（7）　空主語パラメータ：

　　　値1 $\begin{cases} \text{意味内容を持つ主語が省略可能である。} \\ \text{虚辞が存在しない。} \end{cases}$

　　　値2 $\begin{cases} \text{意味内容を持つ主語が義務的に表出される。} \\ \text{虚辞が存在する。} \end{cases}$

値1は，成人のイタリア語・スペイン語などに相当する値であり，値2は成人の英語・フランス語などに相当する値である。このパラメータは，意味内容を持つ主語の省略可能性と，虚辞の有無とを密接に結びつけており，それによって意味内容を持つ主語が省略可能であるにもかかわらず虚辞を持つ言語や，意味内容を持つ主語が省略できないにもかかわらず虚辞を持たない言語を獲得可能な言語の種類から排除している。前章でも議論した通り，このように言語の可能な異なり方があらかじめ狭く限定されていると考えることによって，なぜ幼児が一定期間内に母語を獲得できるかという問いに対して説明を与えやすくなり，それがパラメータの存在を仮定する根拠となっている。

　Hyams (1986)は，空主語パラメータの存在を仮定し，さらに値1が言語経験に先立ってあらかじめ選択されているデフォルト値であると考えることによって，幼児英語に(4)の特徴が現れるという観察に対して説明を与えた。この説明においては，英語に限らずどの言語を獲得する幼児も，空主語パラメータに関しては暫定的に値1が選択されており，言語経験に照らしてその値が獲得しようとしている言語に合致する場合にはその値を保持し，その値が目標言語に合致しない

場合には，値2へと変更を行う。そのため，値2に相当する英語のような言語を獲得しようとしている幼児は，初期段階においては必然的にイタリア語・スペイン語に相当する値1から生じる特徴を示すことになる。より一般的な形でHyams (1986)の説明を述べなおすと，UGのパラメータが存在し，それがデフォルト値を持つことによって，母語獲得の初期段階で，幼児が獲得しようとしている言語ではなく他の言語の特徴が現れ，それが(目標言語から見て)誤った表現の原因となっている。

9.3 空主語パラメータからの英語獲得への予測

空主語パラメータに基づく説明では，英語を獲得中の幼児は，ある時点において，デフォルト値である値1から値2へと変更を行う。Hyams (1986)は，このような状態移行の引き金(trigger)となる要因の可能性の1つとして，虚辞の獲得をあげている。英語を獲得中の幼児は，意味内容を持たない主語が主語位置に生起していることを言語経験から発見し，それにより，獲得しようとしている言語は値2に相当する言語であるという結論に至り，値2へと変更を行う。それにより，これまで観察されていた意味内容を持つ主語の省略現象が消失することになる。

この説明からは，英語の獲得に対して，以下の予測が導かれる。

（8） 空主語パラメータからの英語獲得への予測：
英語を獲得中の幼児は，虚辞を獲得するのとほぼ同時期に，意味内容を持つ主語の省略現象を示さなくなる。

Hyams (1986)は，英語を獲得中の3名の幼児(Eric, Gia, Kathryn)の獲得過程を分析し，この予測が妥当であることを主張している。例えば，Giaと呼ばれる幼児は，およそ2歳3か月頃から(9)のような虚辞を含む文を発話し始めるが，その直前の2歳1か月頃まで意味内容を持つ主語の省略が観察された。

（9） a. No, it's not raining
b. It's not cold outside
c. There's no more
d. There's no money

このように，Hyams (1986)による説明は，空主語パラメータの存在を仮定することにより，(4)に述べた英語の獲得初期に見られる2つの独立した誤りに対して統一的な説明を与えるとともに，それらの誤りが同時期に消失する理由についても説明を行ったという点において非常に重要である。

9.4 幼児の持つ文処理能力に基づく代案

英語を獲得中の幼児の発話に見られる主語の省略現象に対して，Hyams (1986)は，幼児の母語知識が，パラメータの働きにより，主語に関して他言語に当てはまる性質を示すためであるという「幼児の母語知識に基づく説明」を提案した。これに対し，Bloom (1990)による研究では，代案として，「幼児の持つ文処理能力に基づく説明」が提示されている。Bloom (1990)は，英語を獲得中の幼児の持つ母語知識そのものは最初期から英語を母語とする成人の母語知識と同質であり，主語が義務的に表出されねばならないという知識を持っているが，一方でその知識を用いて発話を行う際に必要とされる文処理能力が大人のそれに比べて限られており，発話できる文の長さに限界があるため，主語の脱落現象が生じると主張する。この説明が正しければ，幼児の発話において主語が脱落するか否かは，文内の主語を除いた部分の長さ(つまり動詞と目的語などから成る動詞句の長さ)と密接に関係しているはずである。具体的には，英語を獲得中の幼児の発話において，主語が省略されていて，動詞句のみから成る文は，主語が表出されている文の動詞句の長さよりも長くなることが予測される。

主語の有無から生じる動詞句の長さへの予測に加え，主語の音声的な長さに応じたさらに細かい予測も導かれる。幼児の発話できる文の長さに基づく説明が正しければ，主語を伴った文においても，主語の音声的な長さによって動詞句の長さが影響を受けるはずである。heやsheなどの代名詞は，典型的にはdaddyなどの語彙的な(lexical)名詞よりも音声的に短いので，代名詞の主語を伴った文は，語彙的な名詞の主語を伴った文よりも長い動詞句を伴うことになるはずである。つまり，動詞句の長さとしては，主語が省略された文が音声的に一番長い動詞句を持ち，代名詞の主語を伴った文がその次に長い動詞句を持ち，語彙的な主語を伴った文が一番短い動詞句を持つことが予測される。

これらの関連した2つの予測が妥当であるかどうかを明らかにするため，Bloom (1990)は，CHILDESデータベースに収められた3名の英語を母語とする

幼児(Adam, Eve, Sarah)の自然発話を分析した。(CHILDES データベースとは，一定期間にわたって定期的に録音された親と子の自然な会話を，文字に起こして検索可能とした幼児発話コーパスである。) 分析方法はおよそ次の通りである。まず，これらの幼児の発話から，成人の英語において命令文として現れることのない2種類の動詞(過去形で現れている動詞と，現在形でも命令文には現れないneed や want などの心的状態を表す動詞)を含む文を検索によって見つけ出した。そして，それらの動詞を含む文に関し，(i)主語の有無に基づく分類と，(ii)主語が省略されている文・主語が代名詞の文・主語が語彙的な名詞の文という3種類への分類を行い，それぞれの文の種類において，動詞句の平均的な長さを計算した。主語の有無に基づく分類を行い，動詞句の長さに関する結果をまとめた表が(10)である。

(10) 幼児英語における動詞句の平均的な長さ(Bloom 1990)

幼児名	主語を伴った文における 動詞句の平均的な長さ	主語が省略された文における 動詞句の平均的な長さ
Adam	2.333 語（87 文の平均）	2.604 語（111 文の平均）
Eve	2.024 語（42 文の平均）	2.723 語（65 文の平均）
Sarah	1.800 語（35 文の平均）	2.462 語（26 文の平均）

　文処理能力に基づく説明の予測通り，3名の幼児のいずれにおいても，動詞句の長さは主語を伴った文よりも主語が省略された文の方が長く，その差は統計的に有意であった。

　主語の種類も考慮に入れた3種類の文への分類を行った上で動詞句の長さを計算した結果は(11)にあるグラフの通りであった。

(11) 幼児英語における動詞句の平均的な長さ（Bloom 1990 をもとに作成）

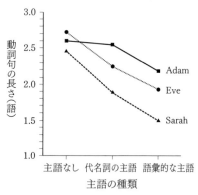

　グラフが示す結果は，文処理能力に基づく説明の予測と一致した．つまり，3名の幼児のいずれの発話においても，主語が省略された文の動詞句が音声的に一番長く，代名詞の主語を伴った文の動詞句がその次に長く，語彙的な主語を伴った文の動詞句が一番短くなっていた．

　(10)および(11)に示した結果に基づき，Bloom (1990)は，幼児英語に見られる空主語現象は，幼児の持つ文処理能力の限界から生じるものであり，幼児の持つ言語知識そのものは英語の母語話者の持つ知識と同質であると主張した．つまり，幼児の英語における主語の省略現象は，スペイン語やイタリア語が示す空主語現象とは一切関係がなく，空主語パラメータの存在を支持するものではないと結論づけた．

9.5　幼児の母語知識に基づく説明からのさらなる反論

　英語を母語とする幼児が示す空主語現象は幼児の限られた文処理能力から生じるという Bloom (1990)の代案に対し，Hyams & Wexler (1993)による研究はさらなる反論を展開し，やはりこの現象は幼児が主語に関してイタリア語・スペイン語タイプの特徴を示すことから生じていると主張する．この反論を支える証拠の1つは，成人のイタリア語における空主語と動詞句の長さとの相関関係である．Hyams & Wexler (1993)は，もし(11)に示した主語の有無・主語の種類と動詞句の長さとの間の相関関係が，幼児の持つ限られた文処理能力から生じているのであれば，成人の発話においてはこのような相関関係は見られないはずである

と考えた。つまり、Bloom (1990)の説明が正しければ、空主語を許容するイタリア語やスペイン語を母語とする成人話者の発話においては、文に含まれる動詞句の長さは主語の有無や種類に全く影響を受けないことが予測される。

この予測の妥当性を確かめるために、イタリア語を母語とする数名の成人母語話者の自然発話を分析したところ、得られた結果は(12)のグラフの通りであった。

(12) イタリア語を母語とする成人の発話における動詞句の平均的な長さ
（Hyams & Wexler 1993 をもとに作成）

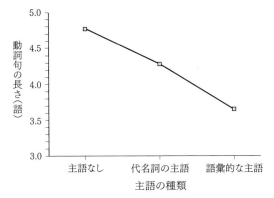

(11)と(12)のグラフの比較から明らかなように、幼児英語で観察されたのと同様の傾向、つまり主語の有無および種類が動詞句の長さに影響を与えるという傾向が観察された。具体的には、イタリア語を母語とする成人の発話においても、主語が省略された文の動詞句が音声的に一番長く、代名詞の主語を伴った文の動詞句がそれに次ぐ長さを持ち、語彙的な主語を伴った文の動詞句が一番短い傾向が発見された。

イタリア語を母語とする成人の発話においても幼児英語と同様の傾向が見られるというこの発見は、文処理能力に基づく説明が適切ではないことを示すと同時に、主語が省略された文が可能であるという点のみではなく、動詞句の長さが主語の音声的な長さに影響を受けるという点においてさえも、幼児英語と成人のイタリア語が一致していることを示すものである。

Hyams & Wexler (1993)は、Bloom (1990)による幼児の文処理能力に基づく説明にとって問題となる事実をもう1点指摘する。AdamとEveの発話を分析し

96——第3部 言語獲得におけるパラメータの関与

た結果である(13)の表が示すように，英語獲得初期に見られる省略現象は，主語に限定され，目的語が省略された文はわずかしか観察されない。

(13) 英語獲得初期における省略された主語と目的語の比率

幼児名	省略された主語を含む文	省略された目的語を含む文
Adam	55%	7%
Eve	39%	13%

Bloom (1990)は，(13)に対して，文の最初の部分の方が文の最後の部分よりも文処理上の負荷が大きいため，幼児の発話においては(負担を大きく軽減できる)主語の省略が好まれると主張している。しかし，Hyams & Wexler (1993)は，処理上の複雑さは通常，文の構造的な理由から生じるものであって，文内に存在する要素の順番から生じるものではない点に着目し，文処理能力に基づく説明では，(13)に述べた観察を正しくとらえることができないと主張した。一方，成人の持つイタリア語・スペイン語の母語知識においては，省略可能なのは主語位置にある名詞句に限定されるため，幼児英語が主語に関してイタリア語・スペイン語と同じ性質を持つという幼児の母語知識に基づく説明は，新たな仮定を付け加えることなく(13)の観察を説明できると主張する。

9.6 本章のまとめ

本章では，英語獲得初期に見られる空主語現象を取り上げ，その現象に対するパラメータに基づく説明を議論した。Hyams (1986)で提案された説明には，本章での議論から明らかなように，代案や修正案などが提案されており，その妥当性についてはさらなる検討が必要で，実際に近年の研究でも新たな事実に基づいて引き続き議論が続けられている。したがって，英語の獲得過程が空主語パラメータの存在を支持するか否かについては，はっきりした答えを述べることは難しい。しかし，パラメータから導かれる獲得順序に関する予測を調べることによって，母語獲得過程からパラメータに対する証拠を提示できる可能性を指摘した点や，パラメータおよびデフォルト値の存在を仮定することによって獲得過程に観察される誤りを説明できる可能性を指摘した点，つまり幼児が示す誤りさえもUG の反映である可能性を指摘した点において，Hyams (1986)の研究は非常に

重要な意義を持つものである。実際，次章以降で取り上げる母語獲得に対するパラメータの関与に関する研究は，大きな視点から見て，Hyams (1986)の研究の流れを受け継ぐものであると言えるだろう。

考えてみよう！

(A)　英語獲得に見られる空主語現象に関して，「幼児の母語知識に基づく説明」と，「幼児の持つ文処理能力に基づく説明」は，英語を母語とする幼児が(14)のような文をどのように解釈するかに関して異なった予測をすると考えられる。空主語を許容する段階にある幼児が(14)の文をどのように解釈するかに関して，2種類の説明それぞれから導かれる予測を述べてみよう。

(14)　Play with blocks

(B)　上記の予測のうち，どちらが正しいかを調べるためには，どのような実験を行えばよいだろうか。お話やテスト文も含めて，具体的なデザインを考えてみよう。

参考文献

Orfitelli, Robyn, and Nina Hyams. 2012. Children's grammar of null subjects: Evidence from comprehension. *Linguistic Inquiry* 43: 563-590.

第10章　medial-*wh* 疑問文

> **本章のポイント**
> ✓ 英語を母語とする幼児が長距離 *wh* 疑問文を発話する際に観察される medial-*wh* 疑問文とは，どのような誤りであろうか。
> ✓ medial-*wh* 疑問文に対するパラメータに基づく説明は，英語の獲得過程に対してどのような予測を行うことになるだろうか。また，その予測はどのような方法を用いて確かめることができるだろうか。

10.1　英語獲得に見られる medial-*wh* 疑問文

　母語獲得過程に対するパラメータの関与を示唆する2つめの現象として，再び *wh* 疑問文を取り上げることにしよう。英語における *wh* 疑問文は，第4章および第5章で議論したように，文頭へ *wh* 句を移動することによって形成され，この移動は義務的である。

（1）　What will Ken buy _____?

(1)は，埋め込まれていない文において目的語が *wh* 句となっている疑問文の例であるが，埋め込み文の中の目的語が *wh* 句となった疑問文においても同様に，文頭への義務的な *wh* 移動が生じる。(2)のような，埋め込み文内から節の境界を越えて移動した *wh* 句を含む *wh* 疑問文のことを**長距離 *wh* 疑問文**(long-distance *wh*-question)と呼ぶ。

（2）　What does Hanako think [Ken will buy _____]?

第 10 章　medial-*wh* 疑問文——99

　　Thornton (1990)の研究では，英語を母語とする幼児が，成人と同様に，埋め込み文の主語や目的語を尋ねる長距離 *wh* 疑問文を形成できるか否かを調査するため，発話の引き出し法を用いた実験が行われた。被験者は，2歳10か月から5歳5か月までの幼児21名で，平均年齢は4歳3か月である。発話の引き出しは，「推測ゲーム」(Guessing Game)と呼ばれるゲームの形式で実施され，典型的には以下のような会話を通して進められた。（下線の部分が，長距離 *wh* 疑問文の発話が期待されている場所である。）

（3）　推測ゲーム：

Experimenter:	In this game the rat has to guess what Cookie Monster eats, what babies drink, what's in the box, and who's in the can, OK? But before we let the rat guess, let's make sure we know the answers ourselves. (*Experimenter whispers loudly, so the rat supposedly can't hear.*) Cookie Monster eats . . .
Child:	Cookies
Experimenter:	Babies drink . . .
Child:	Milk
Experimenter:	In this box there are some . . .
Child:	Marbles
Experimenter:	And (*Experimenter points . . .*)
Child:	Papa Smurf
Experimenter:	. . . is under this can. Good. OK, let's ask about Cookie Monster first. We know that Cookie Monster eats cookies, right? But ask the rat what he thinks.
Child:	<u>What do you think (that) Cookie Monster eats</u>?
Rat:	I think Cookie Monster eats monsters!
Experimenter:	Monsters! Cookie Monster doesn't eat monsters, does he? That's silly! Well, let's see what the rat says about the next one. Let's ask about the box. We know that there are marbles in the box, right? But ask the rat what he thinks.

100——第 3 部　言語獲得におけるパラメータの関与

Child:　　　　　　　<u>What do you think is in that box?</u>

Rat:　　　　　　　　I think that there are M&M's in that box ...

　上記のようなゲームを通して，各幼児は，埋め込み文の目的語位置からの *wh*
移動を含む長距離 *wh* 疑問文を 4 回，埋め込み文の主語位置からの *wh* 移動を含
む長距離 *wh* 疑問文を 5 回発話する機会が与えられた。その結果，(4)に例示さ
れる文法的な長距離 *wh* 疑問文に加えて，21 名の幼児のうち，10 名から少なく
とも 1 回は(5)に例示される誤りが観察された。このうちの 2 名の幼児(3 歳 3 か
月の幼児と 4 歳 9 か月の幼児)は，一貫して(5)のような誤った長距離 *wh* 疑問文
を発話した。(5)の誤った *wh* 疑問文は，文頭に移動したのと同じ *wh* 句が文の
途中(より正確には，主節と埋め込み節のつなぎ目の部分)においても発話されて
いるので，**medial-*wh* 疑問文**(medial-*wh* question) と呼ばれる。

（ 4 ）　a.　What do you think babies drink?　　　（3 歳 9 か月の幼児の発話）

　　　　b.　What do you think's in the white box?　（3 歳 9 か月の幼児の発話）

　　　　c.　Who do you think Grover's gonna hug, the baby or the yucky fly?

　　　　　　　　　　　　　　　　　　　　　　　（3 歳 10 か月の幼児の発話）

　　　　d.　What do you think's in here?　　　　（3 歳 10 か月の幼児の発話）

（ 5 ）　a.　What do you think what Cookie Monster eats?

　　　　　　　　　　　　　　　　　　　　　　　（5 歳 5 か月の幼児の発話）

　　　　b.　Who do you think who Grover wants to hug?

　　　　　　　　　　　　　　　　　　　　　　　（4 歳 9 か月の幼児の発話）

　　　　c.　What do you think what's in here?　　（3 歳 6 か月の幼児の発話）

　　　　d.　What do you think what the baby drinks?

　　　　　　　　　　　　　　　　　　　　　　　（3 歳 3 か月の幼児の発話）

　幼児の母語知識が UG によって制約されており，本質的な部分においては成人
と同質であるという仮定のもとでは，(5)のような medial-*wh* 疑問文は，成人の
母語知識における長距離 *wh* 疑問文の形成過程に関して重要な示唆を与えてくれ
る。英語を母語とする成人の母語知識が(2)のような長距離 *wh* 疑問文を形成す
る際に，*wh* 句をどのように文頭まで移動させているかに関しては，(6)に示し
た 2 つの可能性が考えられる。1 つの可能性は，(6a)に示されるように，*wh* 句
が埋め込み文内にある元位置から，直接，文頭の位置へと移動するという方法で

あり，もう1つの可能性は，(6b)に示されるように，埋め込み節内にある元位置からまず主節と埋め込み節のつなぎ目の部分に立ち寄り，そこを経由して文頭の位置へと移動するという方法である。

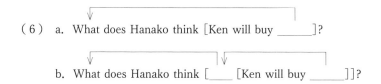

（6） a. What does Hanako think [Ken will buy _____]?

b. What does Hanako think [____ [Ken will buy _____]]?

英語を母語とする幼児の発話する medial-*wh* 疑問文がなぜ生じるのかに対して説明を与えやすいのは，長距離 *wh* 疑問文が(6b)のような短い移動の繰り返しを経て形成されているという可能性である。もし成人の母語知識において長距離 *wh* 疑問文が(6b)に示される *wh* 移動を含んでいるのであれば，成人と幼児の違いは，*wh* 句が文頭へ移動する途中で立ち寄った位置においても *wh* 句を発音するかしないかという点に還元することができ，移動そのものがどのように行われるかに関しては成人と幼児が同質の知識を持っていると考えることができる。したがって，幼児英語に見られる medial-*wh* 疑問文は，長距離 *wh* 疑問文における *wh* 句の移動が，節ごとの短い *wh* 移動の繰り返しから成り立っている可能性を高めるものであり，つまりそれは *wh* 移動が持つ性質に関する理論的分析に対し，重要な貢献を与えるものと言える。長距離 *wh* 疑問文の形成において節ごとの短い *wh* 移動が繰り返される現象は，**連続循環移動**(successive-cyclic movement)と呼ばれており，幼児英語のみならず，成人の英語や他言語における *wh* 疑問文の分析から，その存在に対する数多くの証拠が出されている。

10.2 *wh* 移動を司るパラメータ

では次に，なぜ英語を母語とする幼児は，成人とは異なり，*wh* 句が文頭へ移動する途中で立ち寄った位置においても *wh* 句を発音してしまうのかについて考えよう。

McDaniel, Chiu & Maxfield (1995)の研究によると，幼児英語に観察される medial-*wh* 疑問文に相当する現象が，ドイツ語の南部方言を母語とする成人話者の母語知識においても許容される。(7)に例示されたこの現象を彼らは *wh*-copying 構文と呼んでいる。この構文は，ロマニ語(インドから北アフリカ・ヨ

102——第 3 部　言語獲得におけるパラメータの関与

ーロッパへ移住した少数民族が使用する言語)においても可能であると報告されている。

（ 7 ）　Wer　　　glaub-st　　　　du　　　　wer　　　　schwimm-t　　？
　　　　who-NOM　think-2SG/PRES　you-NOM　who-NOM　swim-3SG/PRES
　　　　'Who do you think swims?'

　McDaniel, Chiu & Maxfield (1995)は，ドイツ語の南部方言やロマニ語が，主節と埋め込み節のつなぎ目の部分に関して，成人の英語とは異なる性質をもう 1 つ示すことを明らかにした。英語では，(8)の文の非文法性が示すように，埋め込み節の主語が *wh* 句として文頭へ移動する際には，接続詞の that が現れると非文法的になってしまうことが広く知られている。*wh* 移動はその元位置に発音されない**痕跡**(trace)を残すという仮説に基づき，接続詞の that の直後に痕跡が存在すると非文法的になるというこの現象は **that-trace 効果**(that-trace effects)と呼ばれている。

（ 8 ）　*Who do you think [that ＿＿ is going home]?

McDaniel, Chiu & Maxfield (1995)によると，ドイツ語の南部方言は that-trace 効果を示さず，(9)の例は可能な文となる。

（ 9 ）　Wer　　　glaub-st　　　　du,
　　　　who-NOM　think-2SG/PRES　you-NOM
　　　　[dass ＿＿＿＿　nach Haus-e　　　geh-t]?
　　　　 that　　　　to　　home-DAT　　go-3SG/PRES
　　　　'Who do you think that is going home?'

　McDaniel, Chiu & Maxfield (1995)は，(7)のような *wh*-copying 構文が可能であるか否かと(9)のような文が可能であるか否かは，どちらも主節と埋め込み節のつなぎ目の部分に関する違いであるため，同一のパラメータから生じる現象であると考え，およそ(10)のようなパラメータの存在を提案した。

（10）　*wh* 移動を司るパラメータ：
　　　　値 1 $\begin{cases} \textit{wh}\text{-copying 構文が可能である。} \\ \text{that-trace 効果が存在しない。} \end{cases}$

値2 $\begin{cases} \textit{wh}\text{-copying 構文が可能ではない。} \\ \text{that-trace 効果が存在する。} \end{cases}$

　値1はドイツ語南部方言やロマニ語などを母語とする成人の母語知識に相当する値であり，値2は成人の英語などに相当する値である。このパラメータは，*wh*-copying 構文の有無と that-trace 効果の有無を密接に結びつけることによって，*wh*-copying 構文を許容するにもかかわらず that-trace 効果を示す言語や，*wh*-copying 構文を許容しないにもかかわらず that-trace 効果を示さない言語を獲得可能な言語の種類から排除している。したがって，前章で議論した空主語パラメータと同様に，獲得可能な言語の範囲を狭く限定することによって，幼児が一定期間内に母語を獲得できるという観察に説明が与えやすくなるという結果をもたらしている。

　(10)は McDaniel, Chiu & Maxfield (1995)の提案するパラメータを非常に簡略な形で述べたものであるが，パラメータのより正確な述べ方に関する議論についてはここでは立ち入らないことにし，幼児英語に観察される medial-*wh* 疑問文がどのようにしてこのパラメータから生じるのかに関する説明に進みたい。McDaniel, Chiu & Maxfield (1995)は，UG 内にこのパラメータが存在するという仮定に加えて，さらに，値1が言語経験に先立ってあらかじめ指定されているデフォルト値であると仮定する。それゆえ，英語に限らず，*wh* 移動を持つ言語を獲得しようとしている幼児は誰もが初期段階においてはドイツ語南部方言・ロマニ語の持つ特徴を示すことになる。その後，言語経験に照らして値1が獲得しようとしている言語に合致する場合にはこの値が保持され，合致しない場合には値2への変更が行われる。つまり，(10)のパラメータのデフォルト値がドイツ語南部方言・ロマニ語に合致する値であるため，英語獲得の初期段階においても，これらの言語が示す特徴の1つである *wh*-copying 構文(＝medial-*wh* 疑問文)が観察されることになる。

10.3　*wh* 移動を司るパラメータからの英語獲得への予測

　McDaniel, Chiu & Maxfield (1995)が提案するように，幼児英語に見られる medial-*wh* 疑問文が(10)のパラメータの持つデフォルト値から生じているのであれば，英語の獲得過程に対してどのような予測が導かれることになるだろうか。

104——第3部　言語獲得におけるパラメータの関与

*wh*移動を司るパラメータに基づく説明では，英語を獲得中の幼児は，獲得初期においてはデフォルト値である値1を保持しており，それゆえ値1から生じるすべての現象(つまり，medial-*wh*疑問文の存在とthat-trace効果の欠如)が観察されることになる。言語経験に基づき，ある時点で値2へと変更が行われると，その時点で値1から生じるすべての現象が消失し，かわりに値2から生じるすべての現象(つまり，medial-*wh*疑問文の欠如とthat-trace効果の存在)が観察されるようになる。したがって，英語を獲得中の幼児を対象に，medial-*wh*疑問文を許容するか否かに関するテストとthat-trace効果を示すか否かに関するテストの2種類からなる実験を実施した際，以下のような相関関係が存在することが予測される。(11a)が，デフォルト値である値1を保持している段階(つまり，成人のドイツ語南部方言・ロマニ語に相当する知識を持つ段階)にある幼児に相当し，(11b)が値2へと既に変更した段階(つまり，成人の英語と同質の知識を持つに至った段階)にある幼児に相当する。

(11)　*wh*移動を司るパラメータから英語獲得への予測：
　　　a. medial-*wh*疑問文を許容する幼児は，that-trace効果を示さない。
　　　b. medial-*wh*疑問文を許容しない幼児は，that-trace効果を示す。

10.4　幼児英語を対象としたmedial-*wh*疑問文と that-trace効果に関する実験

*wh*移動を司るパラメータから導かれる英語獲得への予測の妥当性を調べるため，McDaniel, Chiu & Maxfield (1995)の研究では，2歳11か月から5歳7か月までの32名の英語を母語とする幼児を対象とした実験が実施された。実験は，3〜4か月の間を置きながら，同じ幼児を対象に4回繰り返された。1回目・2回目の調査は32名の幼児を対象に調査が行われ，3回目は24名，4回目の調査は15名の幼児を対象に実施されたため，合計すると103回の観察が行われたことになる。

　この実験では，medial-*wh*疑問文に関するテストとthat-trace効果に関するテストの両方に，文法性判断課題(grammaticality judgment task)が用いられた。この課題は，幼児に与える指示を工夫することによって，幼児から文の良し悪しに関する判断を直接的に導き出すという課題である。この実験では，文法性判断課

題を行うにあたって，(12)にある指示が幼児に与えられた。

(12) Linguist [referring to Grover prop]:
If Grover kissed someone, but we don't know who, does it sound OK if I ask Nelly [puppet] this way: 'Nelly, who do you think who Grover kissed?'

そして，(12)の指示に基づき，that-trace 効果に関するテストでは，(13)のような that を含んだ長距離 *wh* 疑問文に対する判断が幼児に求められた。(13a)は，主語位置からの移動を含むため，that-trace 効果を生じることになる文で，一方，(13b)は，目的語位置からの移動を含むため，that-trace 効果を生じない文である。したがって，英語を母語とする成人話者にとっては，(13a)は非文法的な文であり，(13b)は可能な文である。成人と同様に，(13a)を許容せず，(13b)のみを許容した場合に，その幼児は that-trace 効果を示す幼児と分類された。

(13) a. *Who do you think that is gonna do a somersault?
b. Who do you think that Grover is gonna hug?

medial-*wh* 疑問文に関するテストにおいては，(14)のような，埋め込み文の主語の移動を伴った medial-*wh* 疑問文および埋め込み文の目的語の移動を伴った medial-*wh* 疑問文に対する文法性判断が幼児に対して求められた。(14)の2種類の文のいずれかに対して可能であるという判断が示された場合に，その幼児は medial-*wh* 疑問文を許容する幼児と判断された。

(14) a. Who do you think who kicked Cookie Monster?
b. Who do you think who Gumby threw in the water?

これら2種類のテストの結果をまとめたものが(15)の表である。

(15) McDaniel, Chiu & Maxfield (1995)による実験の結果：

| | | medial-*wh* 疑問文 | |
		許可	不許可
that-trace 効果	欠如	37	24
	存在	0	42

106——第 3 部　言語獲得におけるパラメータの関与

(11)に述べた *wh* 移動を司るパラメータからの英語獲得への予測は，英語を母語とする幼児が(15)の表において 2 つの太い枠のいずれかに入ることを意味するものである。得られた結果によれば，英語の獲得過程において，medial-*wh* 疑問文を可能であると判断するかどうかと，that-trace 効果を示すか否かには，統計的に有意な相関関係が見られた。全部で 103 回実施された観察のうち，幼児が medial-*wh* 疑問文を可能と判断し，that-trace 効果を示さなかった観察が 37 回得られ，幼児が medial-*wh* 疑問文を不可能と判断し，that-trace 効果を示した観察が 42 回得られた。前者の反応は成人のドイツ語の南部方言・ロマニ語の特徴を示しており，後者の反応は成人の英語と同質の特徴を示していると解釈される。これらに当てはまらない観察，より具体的には medial-*wh* 疑問文が成人と同様に不可能と判断された一方で，that-trace 効果を含む文に関しては成人と同質の不可能という判断がなされなかった観察が 24 回得られており，なぜこのようなパターンが生じたのか，これが幼児の持つ母語知識そのものから生じているのか，それとも実験のデザインなどの他の要因から生じているのかに関してはさらなる検討の余地が残っている。しかし，幼児が示した medial-*wh* 疑問文に対する可・不可の判断と，that-trace 効果を含む文に対する可・不可の判断との間に相関関係が見られたという事実は，英語の獲得過程から *wh* 移動を司るパラメータの存在に対して支持を与える結果であると考えられる。

10.5　本章のまとめ

　本章では，英語を母語とする幼児から長距離 *wh* 疑問文を引き出す際に観察された medial-*wh* 疑問文と呼ばれる誤りについて議論を行った。この現象が，ドイツ語の南部方言やロマニ語で観察される *wh*-copying 構文と同質の現象であるという観察に基づき，パラメータに基づく説明を提示した McDaniel, Chiu & Maxfield (1995)の研究を取り上げ，このパラメータが *wh*-copying 構文の有無と that-trace 効果の有無を結びつけるものであるという彼らの提案を概観した。その上で，このパラメータから導かれる英語の獲得過程への予測を明らかにし，その予測の妥当性を調査した実験の方法と結果を整理した。medial-*wh* 疑問文と呼ばれる誤りは，自然発話では観察されず，実験状況においてのみ観察される誤りのようである。もしそうであるならば，それはなぜなのかに関しては疑問が残る。また，*wh* 移動を司るパラメータに関して，どのような言語経験が値の変更を引き

起こすのかについても検討の余地がある。しかし，Hyams (1986)による空主語現象に関する分析と同様に，パラメータおよびデフォルト値の存在を仮定することによって獲得過程に観察される誤りを説明できる可能性を具体的に示した点や，さらには幼児を対象とした実験を行うことによってパラメータに対する証拠を提示できる可能性を明らかにした点において，McDaniel, Chiu & Maxfield (1995)の研究は UG に基づく母語獲得研究に対して大きな貢献を与えるものである。

考えてみよう！

(A)　McDaniel, Chiu & Maxfield (1995)の研究では，英語を母語とする幼児が that-trace 効果に関して成人と同質の知識を持つかどうかを明らかにするために，文法性判断課題を用いた実験を行っている。では，「理解に基づく実験」（与えられた文に対して，幼児がどのような解釈を与えるかを確認する実験）を用いてこの点を明らかにするためには，どのような実験を行えばよいだろうか。that という語の持つ多義性を手がかりに，具体的なデザインを考えてみよう。

(B)　本章では，that-trace 効果という名称を導入する際に，*wh* 移動がその元位置に発音されない痕跡を残すという仮説について言及した。では，*wh* 移動の痕跡が存在することを示す証拠として，どのような現象が知られているだろうか。また，その現象に関して，幼児は成人と同質の知識を持つだろうか。以下の参考文献を読んで，これらの問いに対する答えを整理してみよう。

参考文献

Crain, Stephen, and Rosalind Thornton. 1998. *Investigations in Universal Grammar: A Guide to Experiments on the Acquisition of Syntax and Semantics.* Cambridge, Massachusetts: MIT Press.（第 21 章を読んでみよう。）

第 11 章　関係詞節

本章のポイント

✓ 日本語の獲得過程で観察されるどのような誤りが，母語獲得過程へのパラメータの関与に対する証拠を提示すると考えられているだろうか。

✓ 関係詞節の獲得において生じるこのような誤りがパラメータに基づくという仮説は，日本語の獲得過程に対してどのような予測を行うことになるだろうか。また，その予測はどのような方法を用いて確かめることができるだろうか。

11.1　日本語獲得に見られる「の」の過剰生成

　第 9 章および第 10 章では，英語の獲得過程において観察される誤りに基づいて，母語獲得過程に対するパラメータの関与の可能性について議論を行った。では，英語以外の言語の獲得過程から得られたパラメータの関与に対する証拠は存在するのだろうか。もし存在するのであれば，その証拠はどのような現象に基づくものだろうか。本章では，日本語の**関係詞節**(relative clause)の獲得において観察される誤りを取り上げ，その現象に対して Murasugi (1991)の研究が提案しているパラメータを用いた説明について議論を行う。

　日本語を母語として獲得中の 2〜3 歳児の発話において，(1)に例示されるような，余分な「の」を含む発話が頻繁に観察されている。

（1）　a.　ブタさん叩いているの太鼓　　　　　（2 歳 3 か月の幼児の発話）

　　　 b.　お花持っているのワンワ　　　　　　（2 歳 6 か月の幼児の発話）

（2）　a.　the drum that the piggy is playing

b. a doggie that is holding a flower

(1a)は，「ブタさんが叩いている太鼓」という意味を持つと考えられる表現であり，(1b)は「お花を持っているワンワ(＝犬)」という意味を持つと考えられる表現である。これらの意味に相当する英語表現である(2)を考慮に入れると，(1)の例における「ブタさん叩いている」や「お花持っている」の部分はそれぞれ「太鼓」や「ワンワ」という名詞を修飾する関係詞節であり，これらの例では，関係詞節の後に余分な「の」が挿入されていると分析することができる。このように，日本語を母語とする成人の母語知識に照らして余分な「の」が挿入される現象は，「の」の**過剰生成**(overgeneration)と呼ばれている。

では，(1)の例で過剰生成されている「の」は，どのような種類の「の」であろうか。日本語を母語とする成人の持つ母語知識において，「の」は，その用法に基づき，少なくとも3種類に分類される。1つめは，(3a)の例に示されるような属格を示す「の」であり，英語では's に相当する。

（3） a. ハナコの車
    b. Hanako's car

2つめは，(4a)の例に示されるような代名詞的な用法であり，およそ英語の one の代名詞的用法に相当する。

（4） a. 机の下にある白いのを拾って。
    b. Please pick up the white one under the desk.

3つめは，(5a)の例に含まれるような用法で，相当する英語の文である(5b)における that と同じ機能を担っていると考えられる。このような that は，文を補文(埋め込まれた文)へと変える標識であるため，**補文標識**(complementizer)と呼ばれる。

（5） a. ケンが金を借りたのはこの銀行からだ。
    b. It is from this bank that Ken borrowed money.

Murasugi (1991)の研究では，富山方言を獲得中の幼児の発話を分析することにより，(1)に含まれている「の」が属格ではないことを明らかにしている。東京方言などを母語とする成人の母語知識においては，(3)から(5)の例はすべて

「の」を含むことになるが，富山方言を母語とする成人の母語知識では，属格は東京方言と同様に「の」で具現される一方，代名詞的用法と補文標識は「が」で具現される。

（6）　a.　山田の本
　　　　b.　赤いが
　　　　c.　泥棒が金を盗んだがはここからだ。

Murasugi (1991)は，富山方言を母語とする幼児が，（7）に示されるように，関係詞節の後に余分な「が」を含む発話を行うことを発見した。

（7）　アンパンマンついとるがコップ　　　　　（2歳11か月の幼児の発話）

富山方言の獲得過程で観察される(7)の過剰生成が，関東方言などの獲得過程で観察される(1)の過剰生成と同質の誤りであるならば，(7)の「が」が属格ではないことから，(1)に含まれる「の」も属格ではないと考えられる。

　Murasugi (1991)はさらに，以下の考慮に基づき，(1)に含まれる「の」が代名詞的用法の「の」ではないと主張する。(1)のような過剰生成を示す段階にある幼児がすでに(8)のような表現を発話していることから，この段階にある幼児は，属格の「の」に関して成人と同じ知識を身につけており，正しく「所有者」や「場所」を示す名詞の後に「の」を挿入できることがわかる。

（8）　a.　ママの名前　　　　　　　　　（2歳2か月の幼児の発話）
　　　　b.　おやまのお花　　　　　　　　（2歳4か月の幼児の発話）

　したがって，もし過剰生成されているのが代名詞的用法の「の」であるならば，幼児は，(1)や(7)のような誤りに加えて，過剰生成された「の」や「が」の後に正しく属格の「の」を挿入することにより，(9)のような誤った表現も使用するはずである。

（9）　a.　うさちゃんが食べたののにんじん
　　　　b.　アンパンマンついとるがのコップ

(9)の例にある下線部が過剰生成された要素であり，もしこれが代名詞的用法を担っているのであれば，「うさちゃんが食べたの」や「アンパンマンついとるが」の部分は全体として名詞句となるはずである。そうすると，幼児は属格の「の」

に関して既に正しい知識を身につけていることから，これらの名詞句の後に属格の「の」を挿入し，(9)のような表現を使用することが期待される。しかし，幼児の発話において(9)のような誤りが全く観察されないことから，Murasugi (1991)は，(1)や(7)で過剰生成されているのは，代名詞的用法の「の」や「が」ではないと結論づけている。

　以上の議論から，(1)および(7)に示した幼児の発話において過剰生成されているのは，属格を示す「の」ではなく，代名詞的用法の「の」や「が」でもないと考えられる。したがって，(1)や(7)のような誤った表現に含まれているのは，補文標識としての「の」や「が」であると分析される。では，なぜ日本語を獲得中の幼児は，補文標識を示す要素を関係詞節の後に挿入する誤りを示すのだろうか。この点について考えるために，まず，英語と日本語の関係詞節の持つ特徴について比較してみることにしよう。

11.2　関係詞節の構造を司るパラメータ

　英語と日本語の関係詞節が示す最も顕著な構造上の違いの1つは，補文標識の有無である。英語の関係詞節は，(10)に示されるように，that という補文標識を伴うことが可能であるが，その一方で，日本語の関係詞節は補文標識を伴うことができず，例えば(5)に現れているような補文標識の「の」を関係詞節の直後に置くと，(11a)が示す通り，非文法的な表現となる。

(10)　a.　the book [that Ken bought]
　　　 b.　the book [Ken bought]
(11)　a.　*[ケンが買った<u>の</u>] 本
　　　 b.　[ケンが買った] 本

Murasugi (1991)は，英語と日本語の関係詞節が示すもう1つの重要な違いとして，「理由」という名詞を修飾する関係詞節の解釈に関する事実を指摘している。

(12)　a.　the reason [(why) Mary thinks [that John left]]
　　　 b.　[メアリーが [ジョンが帰ったと] 思っている] 理由

(12)に示した英語と日本語の例はどちらも可能な表現であるが，それらが持つ

解釈において異なっている。英語の例である(12a)は、多義的であり、2つの解釈を許容する。1つの解釈は、reason が think と結びつくことから生じる「ジョンが帰ったという事実が生じたとメアリーが思っている理由」という解釈であり、もう1つの解釈は、reason が関係詞節内に埋め込まれている文の動詞である left と結びつくことから生じる「メアリーが思うところのジョンが帰ってしまった理由」という解釈である。つまり、英語の例(12)は、(13)に図示した2つの結びつきの可能性を許容する。(13a)の結びつきから生じる解釈を「理由」の短距離解釈、(13b)の結びつきから生じる解釈を「理由」の長距離解釈と呼ぶことにしよう。

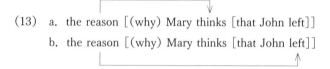

(13) a. the reason [(why) Mary thinks [that John left]]
　　 b. the reason [(why) Mary thinks [that John left]]

一方、日本語の例である(12b)は、このような多義性を持たず、可能な解釈は1通りに限定される。その解釈は、短距離解釈である「ジョンが帰ったという事実が生じたとメアリーが思っている理由」という解釈であり、長距離解釈である「メアリーが思うところのジョンが帰ってしまった理由」という解釈は日本語では許容されない。この観察は、日本語では(14a)の結びつきのみが可能であることを示唆する。

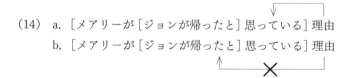

(14) a. ［メアリーが［ジョンが帰ったと］思っている］理由
　　 b. ［メアリーが［ジョンが帰ったと］思っている］理由

「理由」だけではなく、「方法」という名詞を修飾する関係詞節も、同様の現象を示す。

(15) a. the way [John cut the fish]
　　 b. the way [Mary thinks [that John cut the fish]]
(16) a. ［ジョンが魚を切った］方法
　　 b. *［メアリーが［ジョンが魚を切ったと］思った］方法

(15)や(16)に示した"the way"や「方法」の場合には,「メアリーがそのように思った方法」という表現の不自然さからわかるように,短距離解釈の源となる"think"や「思った」との結びつきが意味的に不可能である。したがって,意味上の整合性から,英語の例である(15b)においても日本語の例である(16b)においても,関係詞節内に埋め込まれた文の動詞句("cut the fish"や「魚を切った」)との結びつきが要求される。英語では,このような結びつきが許されるため,(15b)は可能な文となるが,「理由」の場合と同様に,日本語ではこのような結びつきが不可能であり,その結果として長距離解釈が許されないため,(16b)の文は非文法的となってしまう。

　以上の議論をまとめると,日本語と英語の関係詞節は,少なくとも2つの重要な違いを示す。1つは,関係詞節が補文標識を伴って現れることが可能かどうかという違いであり,もう1つは,「理由」や「方法」といった**付加詞**(adjunct)を修飾する関係詞節が埋め込み文を含む場合に,長距離解釈が可能となるかどうかという違いである。(主語・目的語のように,述語が文を完成させるために必ず必要となる要素を項と呼び,項ではない要素のことを付加詞と呼ぶ。第14章も参照。)Murasugi (1991)は,これらの2種類の違いがお互いと密接に結びついており,およそ(17)のようなパラメータがUGの中に存在すると提案した。

(17)　関係詞節の構造を司るパラメータ:

値1 $\left\{\begin{array}{l}\text{関係詞節が補文標識を伴うことが可能である。}\\\text{付加詞を修飾する関係詞節において長距離解釈が許される。}\end{array}\right.$

値2 $\left\{\begin{array}{l}\text{関係詞節が補文標識を伴うことが不可能である。}\\\text{付加詞を修飾する関係詞節において長距離解釈が許されない。}\end{array}\right.$

　値1が英語を母語とする成人の母語知識に相当する値であり,値2が成人の日本語・韓国語などに相当する値である。関係詞節の構造を司るパラメータがより正確にはどのような形式を持つかに関する議論についてはここでは立ち入らないが,(17)から導かれる2種類の現象の背後には,関係詞節とそれが修飾する名詞との構造的な連結部分に関する違いがあると考えられている。英語の関係詞節は,この連結部分にthatという補文標識が現れうることから,連結部分が比較的ゆとりのある構造を持っており,そのゆとりを利用してreasonやwayという名詞が関係詞節内に深く埋め込まれた動詞句と結びつくことができ,その結果,長距離解釈が可能となる。一方,日本語の関係詞節は,補文標識が現れることが

できないという事実が示すように，関係詞節とそれが修飾する名詞との間に構造的なゆとりが全く存在せず，このゆとり部分の欠如が，「理由」や「方法」といった名詞が関係詞節内に深く埋め込まれた動詞句と結びつくことを阻止している。

Murasugi (1991)によって提案されたパラメータは，関係詞節が補文標識を伴って現れることができるか否かと，付加詞を修飾する関係詞節において長距離解釈が許されるか否かという独立した2つの性質を密接に結びつけることによって，補文標識を伴うことが可能であるにもかかわらず長距離解釈を許さない言語と，補文標識を伴うことが可能ではないにもかかわらず長距離解釈を許す言語を，あらかじめ獲得可能な言語の種類から排除するという機能を持つ。したがって，第9章・第10章で取り上げたパラメータと同様に，獲得可能な言語の範囲を狭く限定する働きを担っており，それによりなぜ幼児が一定期間内に母語を必ず獲得できるのかという問いに答えが与えやすくなるという結果をもたらしている。

(17)のパラメータを踏まえ，日本語の獲得過程に見られる過剰生成の現象に戻ることにしよう。Murasugi (1991)は，(17)に述べたパラメータが UG 内に存在することに加え，成人の英語に相当する値1が，生まれつきあらかじめ指定されているデフォルト値であると仮定する。したがって，日本語(あるいは韓国語)を獲得中の幼児は，必然的に，値1から生じるすべての現象を示すこととなり，その結果，補文標識として「の」を関係詞節の直後に置くことが許され，幼児は「の」の過剰生成を示すことになる。つまり，Murasugi (1991)の説明によれば，日本語(関東方言)の獲得過程に見られる「の」の過剰生成は，(17)のような関係詞節を司るパラメータが存在し，英語タイプの言語に相当する値がデフォルト値になっているがゆえに，日本語を獲得中の幼児も英語タイプの関係詞節構造を用いることから生じる現象と分析される。

11.3　関係詞節の構造を司るパラメータからの　　日本語獲得への予測

Murasugi (1991)が提案するように，関東方言などの獲得に観察される「の」の過剰生成が(17)のパラメータおよびそのデフォルト値から生じているのであれば，日本語の獲得過程に対してどのような予測が導かれることになるだろうか。

関係詞節の構造を司るパラメータに基づく説明では，日本語を獲得中の幼児は，獲得初期においては，英語に相当する値1をデフォルトの値として選択してお

り，したがって，値１から生じるすべての現象を示すことになる。つまり，この段階の幼児は，関係詞節とそれが修飾する名詞との間に補文標識を置くことに加え，付加詞を修飾する関係詞節において長距離解釈を許すはずである。周りから与えられる言語経験に基づき，ある時点で幼児が値２へと変更を行うと，その時点で値１から生じるすべての現象が同時に消失し，かわりに値２から生じるすべての現象が同時に表出することになる。つまり，関係詞節とそれが修飾する名詞との間に補文標識が現れなくなるのと同時に，付加詞を修飾する関係詞節が長距離解釈を許容しないという知識が幼児の母語知識に生じるはずである。したがって，「の」の過剰生成を許容する段階にある幼児と，すでにその段階にない幼児に関して，それぞれ以下のような予測が成り立つことになる。

(18) 関係詞節の構造を司るパラメータからの日本語獲得への予測：
    a. 日本語の獲得過程において，「の」の過剰生成を示す段階にある幼児は，付加詞を修飾する関係詞節に対して長距離解釈を許容する。
    b. 日本語の獲得過程において，すでに「の」の過剰生成を示す段階にない幼児は，付加詞を修飾する関係詞節に対して長距離解釈を許容しない。

(18a)および(18b)の両方の予測の妥当性を確かめることができれば，(17)に述べたパラメータの存在に対し，強力な証拠を与えることができるはずである。しかし，残念ながら，実験上の現実的な理由により，(18a)の予測を確かめることは難しい。(18a)の予測について調査を行うためには，「の」の過剰生成を示す段階にある幼児を対象とする必要があるが，そのような幼児の年齢は通常，およそ２歳後半から３歳前半である。一方で，付加詞を修飾する関係詞節の理解を確かめるためには，関係詞節内に埋め込み節が含まれているテスト文を用意する必要があるが，このような構造的に複雑な文を処理することは，(おそらく母語知識そのものではなく)記憶の容量・注意力の持続時間などの理由により，２歳後半から３歳前半の幼児にとっては困難な作業であることが容易に想像できる。したがって，付加詞を修飾する関係詞節の理解を調査するための実験を行うためには，４歳以上の幼児を対象とする必要があり，それはつまり(18b)の予測を確かめることだけが可能ということになる。
　一方で，実験実施上の理由によって調査できるのが(18b)の予測のみであったとしても，この予測が妥当であることを示すことは，(17)のパラメータが存在

116——第 3 部　言語獲得におけるパラメータの関与

するという仮説にとって重要な作業と考えられる。もし仮に，調査対象が 4 歳以上の幼児であり，「の」の過剰生成を示す段階にはないと考えられるにもかかわらず，これらの幼児が付加詞を修飾する関係詞節に対して長距離解釈を許容することが明らかとなれば，(17)に述べたパラメータの存在に対し，大きな問題を提示することになるからである。したがって，(17)のような関係詞節の構造を司るパラメータが存在するという仮説を維持するためには，(18b)の予測の妥当性を確認しておくことが不可欠と考えられる。

11.4　幼児日本語を対象とした付加詞を修飾する　関係詞節の解釈に関する実験

　前節で述べたような考慮に基づき，Sugisaki (2010)による研究では，関係詞節の構造を司るパラメータから導かれる(18b)の予測が妥当であるか否かを確かめる実験が実施された。この実験における被験者は，日本語を獲得中の幼児 20 名で，年齢の範囲は 4 歳 10 か月から 6 歳 4 か月(平均年齢は 5 歳 6 か月)であった。この年齢の範囲にある幼児は，すでに「の」の過剰生成を示す段階にはないと考えられるため，付加詞を修飾する関係詞節に対して長距離解釈を与えるか否かという点に関してのみ調査が実施された。

　この実験では，実験者が幼児に写真を見せながらお話を聞かせ，お話の後に，20 名のうちの 10 名に関しては，(19)のような「理由」を修飾する関係詞節を用いて質問が行われ，残りの 10 名に関しては，(20)のような「なぜ」を含む *wh* 疑問文を用いて質問が行われた。

（19）　カエルさんがもう帰ってきたとお母さんが思った理由を教えて。
（20）　なぜカエルさんがもう帰ってきたとお母さんは思ったの？

　これらの質問を行う際に提示されたお話と写真は以下の通りである。（これらのお話と写真は，第 6 章で議論した「なぜ」を含む *wh* 疑問文に関する実験に基づくものである。）

（21）　お話：
　　　　カエルさんのお母さんがお買い物から帰ってくると，玄関に野球の道具がおいてあります。お母さんは，それを見てカエルさんが帰ってきたん

だなと思いました。きっと，たくさん遊んでおなかが空いたから帰ってきたんだと思いました。家に入ってみると，テーブルのところにカエルさんが座っていました。お母さんはカエルさんにおいしいご飯をたくさん作ってあげました。

図 11.1　Sugisaki (2010)の実験で用いられた写真

　(19)にある「理由」を修飾する関係詞節を含む質問が与えられた際，(21)に提示されたお話の中では，短距離解釈(つまり，カエルさんが家にいるという状況がすでに生じているとお母さんが思った理由)に対する答えとして「玄関に野球の道具があったから」という答えが与えられており，長距離解釈(つまり，お母さんが思うところのカエルさんがもう帰ってきた理由)に対する答えとして「たくさん遊んでおなかが空いたから」という答えが与えられている。もし(18b)の予測が正しければ，幼児は(19)のような質問に対して短距離解釈のみを与え，それゆえ一貫して「玄関に野球の道具があったから」という答えを示すはずである。

　一方，仮にこのような答えが一貫して観察されたとしても，それが(19)に含まれる関係詞節の性質から生じているのではなく，その答えに含まれる内容が(21)のお話において顕著であったから，という可能性も考えられる。この可能性を検討するために，20名のうちの10名の幼児に関しては(19)のような文，残りの10名に関しては，同じお話の後に，(20)のような「なぜ」を含むwh疑問

文によって質問が行われた。(20)の wh 疑問文は，関係詞節を含んでおらず，したがって多義的であり，カエルさんが家にいるという状況がすでに生じているとお母さんが思った理由についても，お母さんが思うところのカエルさんがもう帰ってきた理由についても尋ねることができる。もし(19)のような関係詞節を含む質問に対する答えが一貫して「玄関に野球の道具があったから」という答えであり，かつそれがお話の内容における顕著さから生じているのであれば，幼児は「なぜ」を含む wh 疑問文である(20)に対しても，一貫して同様の答えを示すはずである。

　各幼児に対して，(19)あるいは(20)のような質問が4問ずつ提示され，それによって得られた結果は(22)の通りであった。

(22)　Sugisaki (2010)による実験の結果：

	「玄関に野球の道具があったから」のような答え	たくさん遊んでおなかが空いたから」のような答え
(19)のような「理由」を修飾する関係詞節を用いた質問	90%(36/40)	10%(4/40)
(20)のような「なぜ」を含む wh 疑問文を用いた質問	62.5%(25/40)	37.5%(15/40)

　(18b)に述べた予測の通り，日本語を母語とする幼児は，(19)のような「理由」を修飾する関係詞節を用いて質問が行われた際には，短距離解釈に基づく答えを提示する強い傾向を示した。一方で，(20)のような「なぜ」を含む wh 疑問文を用いて質問が行われた際には，若干，関係詞節における短距離解釈に相当する答えが優勢ではあったが，(19)のような関係詞節による質問の場合に比べると，関係詞節における長距離解釈に相当する答えがかなり多く，40%近くを占めていた。上記の表に示された，(19)のような関係詞節を含む質問に対する答えと(20)のような wh 疑問文を用いた質問に対する答えの間に観察された明らかな差は，幼児がすでに付加詞を修飾する関係詞節において長距離解釈が許容されないという知識を持っており，その知識に基づいて答えを決めているという可能性を高めるものである。したがって，日本語を母語とする幼児を対象とした実験から得られた結果は，(18b)の予測が妥当であることを示しており，それはつまり(17)に述べた関係詞節を司るパラメータが存在する可能性を高める証拠と解釈できる。

11.5 本章のまとめ

　本章では，日本語を獲得中の幼児の発話に見られる「の」の過剰生成という誤りを取り上げ，その誤りがなぜ生じるかに対してパラメータに基づく説明を提案した Murasugi (1991)の研究について議論を行った。Murasugi (1991)の提案するパラメータは，関係詞節が補文標識を伴うことができるか否かと，付加詞を修飾する関係詞節において長距離解釈が許されるか否かという２つの独立した現象を結びつけるものであることを理解したうえで，このパラメータから導かれる予測の一部に関して，日本語の獲得から検討を加えた。村杉(2014)で紹介されているように，「の」の過剰生成に関しては，その後の研究から，いくつかの異なった要因から生じている可能性が指摘されており，その場合，この章で議論したパラメータに基づく説明がそのままの形で維持できるか否かについては，あらためて検討が必要とされることになる。しかし，英語以外の言語の獲得過程からパラメータの存在に関する具体的な証拠を(筆者の知る限りではおそらく初めて)提示したという点において，Murasugi (1991)の研究の意義は非常に大きいと言えるだろう。

考えてみよう！

(A)　Murasugi (1991)の提案する関係詞節に関するパラメータは，英語の獲得に関してはどのような予測をすることになるだろうか。また，その予測の妥当性を確かめるためには，どのような実験を行えばよいだろうか。予測をはっきりと述べた上で，実験の具体的なデザインについて考えてみよう。

(B)　「の」の過剰生成について，その後の研究においては，複数の要因が関与している可能性が指摘されている。以下の参考文献を読んで，どのような要因が関与していると考えられているかを整理してみよう。

参考文献

村杉恵子. 2014.『ことばとこころ──入門　心理言語学』みみずく舎.（第２章を読んでみよう。）

第 12 章　名詞複合

本章のポイント

✔ 英語・日本語において観察され，スペイン語などには観察されない
名詞複合とはどのような現象だろうか。また，名詞複合の有無は，
他のどのような言語現象の有無と関係していると考えられるだろう
か。

✔ 名詞複合の有無を司るパラメータが存在することを支持する英語獲
得・日本語獲得からの証拠は何だろうか。

12.1　名詞複合を司るパラメータ

　英語や日本語においては，2つあるいはそれ以上の名詞を結合させて，より大
きな名詞を作ることが可能である。(1a)(2a)は2つの名詞が結合した例であり，
(1b)(2b)は3つの名詞が結合した例である。このような，複数の名詞が結合す
ることによって形成された名詞を**複合名詞**(noun-noun compound)と呼び，複合
名詞を形成する操作を**名詞複合**(noun-noun compounding)と呼ぶ。複合名詞にお
いては，通常，意味的な中心を担うのは最後の名詞であり，それゆえ「忍者修
行」は修行の一種を示し，「忍者修行体験」は体験の一種を示す。

（1）　a. 忍者＋修行　　　　　　→　忍者修行
　　　 b. ［忍者＋修行］＋体験　　→　忍者修行体験
（2）　a. banana＋box　　　　　　→　banana box
　　　 b. ［banana＋box］＋storage　→　banana box storage

(3a)に示すように，(2a)の banana を複数形にしたり，(3c)に示すように，box
の前に冠詞を挿入したりすることはできない。複合名詞において，複数形になり

うるのは意味的な中心となっている名詞のみであり，冠詞は最初の名詞の前(つまり複合名詞全体の前)にのみ置かれうる。これらの現象から，(2)のような例においては，複数の名詞が結合したまとまりが，より大きな1つの名詞を形成しており，その内部に対して，複数形の接辞や冠詞などの要素を加えることはできないことがわかる。

（3） a. *bananas box

　　　 b. banana boxes

　　　 c. *banana the box

　　　 d. the banana box

　英語や日本語では複合名詞を比較的自由に生み出すことが可能である一方で，スペイン語などの言語においては，複合名詞は非常に限られた場合を除いて，許容されない。例えば，(2a)に相当する複合名詞は，(4a)に示す通り不可能であり，同じ意味を表すためには，(4b)のように of に相当する前置詞を用いて，名詞＋前置詞句(box of bananas)という形式に頼る必要がある。

（4） a. *banana caja / *caja banana

　　　 b. caja de bananas

　このように，複合名詞を自由に形成できるか否か(つまり，名詞複合という操作を持つか否か)は言語によって異なるが，果たしてこのような名詞複合の有無と関連した他の言語現象は存在するだろうか。

　Snyder (1995; 2001)は，多くの言語の比較を通して，少なくとも以下の2種類の構文が，名詞複合の有無と関連することを主張した。

（5） 結果構文：

　　　 a. Ken painted the house red.

　　　 b. ケンは家を赤く塗った。

（6） verb-particle 構文：

　　　 Ken picked the book up. / Ken picked up the book.

結果構文(resultative construction)とは，(5)のように，単一の文において，目的語の指示対象に対して動詞が示す行為が行われた結果，どのような状態になったかを示す句((5a)では red)を含んだ構文である。そして，**verb-particle 構文**

(verb-particle construction)とは，(6)のように，単一の文内に，動詞と，典型的には方向・場所を示す前置詞的な要素である particle(in/out/up/down/on/off など)を含む構文を指す。Snyder (1995; 2001)によれば，名詞複合と結果構文に関しては，名詞複合を持つ言語は結果構文も持ち，結果構文を持つ言語は名詞複合も持つという関係が成り立っており，名詞複合の存在は結果構文の存在にとって必要十分条件となっている。一方，名詞複合と verb-particle 構文においては，名詞複合を持つ言語の一部においてのみ verb-particle 構文が存在するという関係が成り立っており，名詞複合の存在は verb-particle 構文の存在にとって必要条件となっている。Snyder (1995; 2001)による言語間比較の一部は(7)に示した通りである。

（7）　Snyder (1995; 2001)による言語間比較：

言　　語	名詞複合	結果構文	verb-particle 構文
英語	可	可	可
オランダ語	可	可	可
タイ語	可	可	可
日本語	可	可	不可
スペイン語	不可	不可	不可
ロシア語	不可	不可	不可
ジャワ語	不可	不可	不可

Snyder (1995; 2001)は，結果構文や verb-particle 構文においては，結果を示す句や particle が表面的には動詞と離れて存在することが可能であるにもかかわらず，意味解釈を受ける際には，それらが(8)に示されるように動詞と結合されて1語になる必要があり，この結合を行う操作が名詞複合の操作と同一のものであると考えた。そして，このような複合語形成を行う操作が可能であるかどうかを定めるパラメータが，UG のパラメータの1つとして存在すると提案した。

（8）　a.　Ken painted the house red.
　　　　→　意味解釈：Ken [red＋painted] the house.
　　　b.　Ken picked the book up.
　　　　→　意味解釈：Ken [up＋picked] the book.

（9）　複合語形成パラメータ：
複合語の形成を行う操作が{可能である・可能ではない}。

12.2　名詞複合を司るパラメータからの母語獲得への予測

　第8章で議論したように，UG に対する原理とパラメータのアプローチにおいては，母語獲得の過程は言語経験に基づいて幼児がパラメータの値を設定していく過程と考えられている。複合語形成パラメータの場合には，幼児は「複合語の形成を行う操作が{可能である・可能ではない}」という2つの値から，言語経験に適合する値を選ぶことになる。具体的には，例えば英語や日本語を獲得中の幼児は，言語経験から名詞複合が自由に可能であることを理解し，それにより{複合語の形成を行う操作が可能である}の値を選択し，その結果，結果構文に関しては，その値が必要十分条件となっているために，ほぼ自動的に結果構文が存在するという知識を獲得する。一方，verb-particle 構文に関しては，{可能である}の値が必要条件となっているため，英語を母語とする幼児は，その値を選択することによって，verb-particle 構文が存在しうるという知識を獲得し，verb-particle 構文に必要な他の知識がすでに獲得されていれば，名詞複合と同時に verb-particle 構文の知識が獲得されることとなり，他の必要な知識がまだ獲得されていなければ，それらが獲得された時点で，verb-particle 構文の知識が幼児に生じることになる。したがって，結果構文と verb-particle 構文の獲得に関しては，それぞれ，以下のような予測が成り立つ。

（10）　結果構文の獲得に対する予測：
英語・日本語を獲得中の幼児は，名詞複合と結果構文の知識をほぼ同時に獲得する。
（11）　verb-particle 構文の獲得に対する予測：
英語を獲得中の幼児は，名詞複合を verb-particle 構文よりも先に獲得するか，それらをほぼ同時に獲得する。つまり，verb-particle 構文を名詞複合よりも先に獲得する幼児は存在しない。

以下では，それぞれの予測の妥当性を検討した獲得研究について議論する。

12.3 英語における verb-particle 構文の獲得

Snyder (2001) による研究は，verb-particle 構文の獲得に対する予測(11)の妥当性を調べるため，CHILDES データベースに収められている英語を母語とする幼児の自然発話を，10 名分の幼児に関して分析した。複合名詞と verb-particle 構文のそれぞれに関して，各幼児による最初のはっきりとした自発的な発話が観察された時点を，その獲得年齢とみなした。代表的な幼児の最初の発話の具体例とその年齢は(12)の通りである。

(12) 複合名詞と verb-particle 構文の最初の発話とその年齢：

    a. Adam:

       複合名詞：   tattoo man   (2.26 歳)

       verb-particle: put dirt up   (2.26 歳)

    b. Eve:

       複合名詞：   pig（＝peg）toy   (1.83 歳)

       verb-particle: write it down # my pencil (1.83 歳)

       （# は発話の短い中断を示す）

    c. Naomi:

       複合名詞：   bunny girl   (1.92 歳)

       verb-particle: take it out   (1.90 歳)

    d. Nina:

       複合名詞：   rabbit book   (1.96 歳)

       verb-particle: take it off   (1.96 歳)

    e. Sarah:

       複合名詞：   ribbon hat   (2.59 歳)

       verb-particle: pull my eye out   (2.56 歳)

10 名の幼児に関して，複合名詞と verb-particle 構文の獲得年齢の相関関係を統計的に分析してみたところ，(13)のグラフが示す通り，それらには強い相関関係があることがわかった。つまり，分析対象となった英語を母語とする幼児10 名は，複合名詞に関する知識と verb-particle 構文に関する知識を同時に獲得していることが判明した。

(13) 複合名詞と verb-particle 構文の獲得年齢の相関関係
（Snyder 2001 をもとに作成）

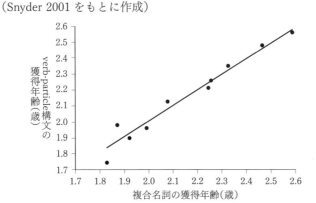

なぜ名詞複合を verb-particle 構文よりも先に獲得する幼児が観察されなかったかに関しては疑問が残るが，それら2つの性質の獲得年齢に強い相関関係が見られたという結果，つまり英語を母語とする幼児がそれら2つの性質を同時に獲得していたという結果は，複合語形成パラメータからの予測である(11)が妥当であることを示すものである。

12.4 日本語における結果構文の獲得

日本語の獲得において，結果構文の獲得に対する予測(10)が当てはまるかどうかを調べた研究として，Sugisaki & Isobe (2000) がある。結果構文は，verb-particle 構文とは異なり，幼児・成人を問わず自然発話では現れにくいため，Sugisaki & Isobe (2000)の研究では，日本語を母語とする幼児 20 名(3歳4か月から4歳11か月，平均年齢4歳2か月)を対象とした実験を実施することにより予測(10)の妥当性が検討された。

実験は，名詞複合の知識を調べるテストと，結果構文の知識を調べるテストの2つから成り立っていた。名詞複合テストは，パソコン上で提示された絵が何を示しているかについて複合名詞を用いて答えるテストであり，以下のように行われた。

(14) 名詞複合テストの例：
　　　実験者：　（カメの絵を見せながら）これ何だかわかる？
　　　幼児：　　カメ！
　　　実験者：　（パンの絵を見せながら）じゃあ，今度はこれ何だかわる？
　　　幼児：　　パン！
　　　実験者：　（カメの形をしたパンの絵を見せながら）じゃあ，このカメの
　　　　　　　　形をしたパンのことは何て言うかな？

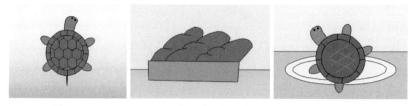

図 12.1　Sugisaki & Isobe (2000) の名詞複合テストで用いられた絵

　最後の問いに対し，「カメパン」と複合名詞を用いて答えられた場合には正解とし，「カメ」や「パン」，あるいは「カメのパン」と答えた場合には不正解とした。テストは4問からなり，3問以上に関して複合名詞での回答が得られた場合に，その幼児は名詞複合テストに合格と判断された。
　結果構文テストは，以下の2つの文の意味の違いを理解できるかどうかを調べるテストである。

(15)　a.　ピカチュウは赤くイスを塗っています。　　（結果構文）
　　　b.　ピカチュウは赤いイスを塗っています。　　（形容詞＋名詞）

このテストにおいては，実験者は，調査用に作成したアニメを見せながら幼児に短いお話を聞かせた。そして，お話の最後に，(15a, b)いずれかの種類の文を述べた。幼児の課題は，その述べられた文がお話の内容と合っているかどうかを判断することである。お話の具体例はおよそ以下の通りである。

(16) 結果構文テストの例：
　　　今日，ピカチュウはお友達のサトシのお部屋で遊んでいます。お部屋には2つのイスがあります。1つは青色で，サトシのイスです。もう1つの赤色で小さい方はピカチュウのイスです。ピカチュウは2つのイスを同じ色にしようと考えました。ピカチュウはサトシのイスを見ながら，

第 12 章　名詞複合——127

　赤色を使って塗ってしまおうかと思いました。でも，勝手にサトシのイ
　スを塗ってしまったらきっと叱られてしまいます。ピカチュウは考えま
　した。そうだ，自分のイスを塗ろう！　ピカチュウは青色のペンキを持
　ってきて，自分のイスを塗り始めました。

　上記のお話では，ピカチュウは青いペンキを使って赤いイスを青く塗ったため，
結果構文である(15a)はこのお話と合致しないが，名詞を修飾する形容詞を含ん
だ(15b)はお話と合致する。したがって，結果構文の知識を持つ幼児は，(15a)
に対してはお話に照らして「間違っている」と反応し，(15b)に対してはお話に
照らして「合っている」と反応するはずである。一方，結果構文の知識を持たな
い幼児は，おそらく(15a)の結果構文を(15b)と同じ意味として解釈することに
なり，(15a)(15b)のいずれが提示されたとしても「合っている」と判断するこ
とが予想される。「塗る」と「切る」の 2 種類の動詞を用いてテスト文を作成し，
どちらかの動詞(あるいは両方)に関して(15a, b)に示される区別が理解できた場
合に，結果構文テストに関して合格と判断された。
　実験結果は以下の通りであった。

(17)　Sugisaki & Isobe (2000)による実験結果

		結果構文テスト	
		合　格	不合格
名詞複合テスト	合　格	10 名	2 名
	不合格	2 名	6 名

　名詞複合テストに合格したか否かと，結果構文テストに合格したか否かの間の
相関関係を統計的に分析したところ，5% 水準で統計的に有意な相関があること
が判明した。理想的には，合格・合格の枠と不合格・不合格の枠にすべての被験
者が入るべきであるが，2 つのテストの性質が異なる(名詞複合テストは発話に
基づく実験であり，結果構文テストは理解に基づく実験である)など，実験上の
いくつかの問題により，そうはならなかったようである。しかしながら，統計的
に有意な相関が得られたという結果は，名詞複合と結果構文がほぼ同時期に獲得
されることを示唆するものであり，したがって，結果構文の獲得に対する複合語
形成パラメータからの予測である(10)が妥当であることを示すものと言える。

128——第 3 部　言語獲得におけるパラメータの関与

12.5　本章のまとめ

　本章では，名詞複合を司るパラメータに関する Snyder (1995; 2001)の提案を
取り上げ，その妥当性を調査した獲得研究について議論を行った。具体的には，
英語の獲得において，名詞複合と verb-particle 構文が同時期に獲得されることを
自然発話の分析を通して示した Snyder (2001)の研究と，日本語の獲得において，
名詞複合と結果構文が同時期に獲得されることを実験によって示した Sugisaki &
Isobe (2000)の研究を概観した。これらの研究で得られた結果は，複合語形成パ
ラメータが UG 内に存在するという Snyder (1995; 2001)の提案を支持するとと
もに，母語獲得の過程がパラメータの値を設定していく過程であるという仮説の
妥当性を高めるものである。

___

考えてみよう！

(A)　英語を母語とする幼児が，結果構文の知識を持つか否かを調べるためには，ど
　　のような実験を行えばよいだろうか。(18)の文をヒントにしながら，具体的なデ
　　ザインを考えてみよう。

　(18)　Ken painted something red.

(B)　日本語を母語とする幼児が，名詞複合の知識を持つか否かを，（発話ではなく）
　　理解に基づく実験によって調べるためには，どのようなデザインが考えられるだろ
　　うか。(19)の文をヒントにしながら，具体的なデザインを考えてみよう。

　(19)　a.　ゾウさん，クッキーを食べたよ。
　　　　b.　ゾウさんクッキーを食べたよ。

参考文献

Isobe, Miwa. 2007. The acquisition of nominal compounding in Japanese: A paramet-
　ric approach. In *Proceedings of the 2nd Conference on Generative Approaches to*
　Language Acquisition North America (GALANA), eds. Alyona Belikova, Luisa
　Meroni, and Mari Umeda, 171–179. Somerville, Massachusetts: Cascadilla Proceed-
　ings Project.

Snyder, William. 2001. On the nature of syntactic variation: Evidence from complex predicates and complex word-formation. *Language* 77: 324–342.

第 13 章　前置詞残留

本章のポイント

✔ 英語の wh 疑問文では許容されるが，スペイン語の wh 疑問文では許容されない前置詞残留とはどのような現象だろうか。また，前置詞残留が可能であるか否かは他のどのような言語現象の有無と関係していると考えられているだろうか。

✔ wh 疑問文における前置詞残留の可・不可を司るパラメータが存在することを支持する英語獲得からの証拠は何だろうか。

13.1　*wh* 疑問文における前置詞残留現象

第 4 章および第 5 章で議論したように，英語における *wh* 疑問文は，文頭へ *wh* 句を義務的に移動することによって形成される。

（1）　What will Ken buy _____?

(1)は動詞の目的語が *wh* 句となり，文頭へと移動した例であるが，では前置詞の目的語が *wh* 句となった場合には，どのような文が形成されるだろうか。この場合，英語においては，(2a)に示されるように，*wh* 句のみが文頭へと移動し，前置詞は元位置に残る。このように，*wh* 疑問文において前置詞が元位置に残り，その目的語である *wh* 句のみが移動する現象は**前置詞残留**(preposition-stranding/P-stranding)と呼ばれる。(2b)のように，前置詞の目的語である *wh* 句が前置詞を伴って文頭へと移動することも不可能ではないが，現代の英語では，文頭にある ?? によって示されるように，母語話者にとってはやや不自然であると判断される。(2b)のように，*wh* 疑問文において前置詞の目的語である *wh* 句が前置詞

を伴って文頭へと移動する現象のことを**前置詞随伴**(pied-piping)と呼ぶ。

（２） a. Who was Peter talking <u>with</u>?
　　　 b. ??<u>With</u> whom was Peter talking?

　英語では，前置詞残留を伴った *wh* 疑問文は，成人の発話において高い頻度で観察される自然な現象である。一方で，この現象を許容する英語以外の言語は，現在判明している範囲ではスカンジナビア諸語に限られる。世界の数多くの言語は *wh* 疑問文における前置詞残留現象を許容しないため，この現象は類型的に見ると非常に珍しい現象と言える。例えば，スペイン語では，(3b)に示されるような前置詞随伴が義務的であり，前置詞残留を伴った *wh* 疑問文である(3a)は非文法的となる。

（３） a. *Quién　　hablaba　　Pedro　　<u>con</u>?
　　　　　 who　　 was-talking　 Peter　　 with
　　　 b. <u>Con</u>　　quién　　 hablaba　　 Pedro?
　　　　　 with　　 who　　　 was-talking　 Peter

　前置詞残留の可・不可に関して言語間での違いが存在するという観察は，この現象に対するパラメータの関与を示唆する。では前置詞残留を司るパラメータは，この現象と他のどのような言語現象とを結びつけていると考えられるだろうか。

13.2　前置詞残留現象を司るパラメータ

　前置詞残留現象を司るパラメータに関する代表的な提案として，Kayne (1981)の研究がある。Kayne (1981)は，(4)に例示されるように，英語とフランス語は前置詞残留現象の有無において異なるという観察を踏まえ，これらの言語の比較を通して，前置詞残留現象の存在が他の2種類の言語現象の存在にとっての必要条件となっており，これら2種類の言語現象は，前置詞残留現象を許容する言語の一部においてのみ可能となると主張した。これら2種類の言語現象のうちの1つは，(5)に例示されるような，主語が前置詞(英語では for)を伴うことのできる不定詞節である。これを，前置詞埋め込み構文と呼ぶことにしよう。前置詞埋め込み構文は，前置詞残留現象を許容する英語には存在するが，前置詞残留現象を許容しないフランス語には存在しない。

132——第3部　言語獲得におけるパラメータの関与

（4）　a.　Which candidate have you voted for?

　　　b.　*Quel candidat as-tu voté pour?

（5）　a.　John wants（for）Mary to leave.

　　　b.　*Jean veut（de）Marie partir.

　前置詞残留現象と結びついていると Kayne（1981）が主張したもう1種類の言語現象は，動詞の後に2つの名詞句が目的語として現れる二重目的語構文である。二重目的語構文は，英語では観察されるが，フランス語では観察されない。（フランス語では，2つの目的語のうちの1つである間接目的語が前置詞句として具現しなければならない。）

（6）　a.　John gave Mary a book.

　　　b.　*Jean a donné Marie un livre.

　英語は，前置詞残留現象を許容し，前置詞埋め込み構文および二重目的語構文も許容する。一方，フランス語は前置詞残留現象を許容せず，前置詞埋め込み構文および二重目的語構文も不可能である。アイスランド語は，英語とフランス語の中間的な性質を持つ言語で，Maling & Zaenen（1985）による（7）の例が示す通り，前置詞残留現象は許容するが，前置詞埋め込み構文および二重目的語構文は許容しない。

（7）　Hann　spurði　hvern　　ég　hefði　talað　við.

　　　he　　asked　whom$_{ACC}$　I　had　talked　to

　Kayne（1981）は，英語・フランス語・アイスランド語の比較を通して，およそ（8）のようなパラメータが UG 内に存在すると仮定した。そのパラメータの本質については，ここでは詳細な議論に立ち入らないが，Kayne（1981）は，二重目的語構文の中にも音形を持たない前置詞が存在すると考え，（8）にあるような3種類の現象を可能とするような特殊な前置詞が存在するか否かが言語間によって異なると考えた。

（8）　前置詞残留パラメータ：

前置詞残留現象 $\begin{cases} \text{可} \begin{array}{l} \text{前置詞埋め込み構文 /} \\ \text{二重目的語構文} \end{array} \begin{cases} \text{可} \\ \text{不可} \end{cases} \\ \text{不可} \end{cases}$

前置詞残留現象・前置詞埋め込み構文・二重目的語構文の3種類の言語現象の有無に関して，もし仮に世界の言語が自由に異なりうるとすれば，(2の3乗により)8種類の言語の異なり方が存在することになる。しかし，(8)のパラメータが存在すると考えることにより，前置詞残留現象が前置詞埋め込み構文と二重目的語構文の両方にとっての必要条件となり，これら3種類の言語現象に関して言語の異なり方は3通りに限定される。第8章で議論した通り，このように獲得可能な言語の類を狭く限定することによって幼児が獲得しようとしている言語の属性を判別しやすくすることがパラメータの重要な機能である。

では，果たして，前置詞残留現象・前置詞埋め込み構文・二重目的語構文の3種類の言語現象を許容する英語において，幼児による母語獲得の過程は，上記のパラメータの存在を支持することになるだろうか。前節で述べた通り，前置詞残留は世界の言語においてきわめてまれな現象であるため，それを司るパラメータの性質を，言語の比較のみを通して明らかにすることは非常に難しい。したがって，(8)にあるパラメータから英語の獲得過程への予測を導き出し，その予測の妥当性を実際の母語獲得のデータに照らして検討することは，前置詞残留パラメータの存在とその性質を明らかにするためには欠かすことのできない作業と言える。

13.3　前置詞残留現象を司るパラメータからの英語獲得への予測

前置詞残留パラメータ(8)が存在すると仮定した場合，英語を母語として獲得中の幼児にとって，以下の2通りの獲得順序の可能性が存在する。1つの可能性は，幼児がまず前置詞残留現象が可能であるという知識を獲得し，その後に前置詞埋め込み構文や二重目的語構文が可能であるという知識を獲得する場合である。もう1つの可能性は，幼児が前置詞埋め込み構文や二重目的語構文が可能であるという知識を獲得し，それによって自動的に前置詞残留現象が獲得可能であるという知識を身につける場合である。これらの予測を述べなおしてみると，(9)および(10)となる。

（9）　前置詞残留パラメータから英語獲得への予測①：
　　　英語を母語として獲得中の幼児は，前置詞埋め込み構文を前置詞残留現

134——第 3 部　言語獲得におけるパラメータの関与

象よりも先に獲得することはない。

(10)　前置詞残留パラメータから英語獲得への予測②：
　　　英語を母語として獲得中の幼児は，二重目的語構文を前置詞残留現象よ
　　　りも先に獲得することはない。

13.4 節および 13.5 節では，これら 2 つの予測の妥当性について調査を行った研
究である Sugisaki & Snyder (2006)について議論しよう。

13.4　英語における前置詞残留現象と前置詞埋め込み構文の獲得

　前置詞残留現象が成人の発話において頻度の高い現象であること，および 3
歳以前の幼児の発話にも観察されるようであることを踏まえ，Sugisaki & Sny-
der (2006)の研究では，CHILDES データベースに収められている 10 名分の英語
を母語とする幼児の自然発話を分析することで，前置詞残留現象と前置詞埋め込
み構文の獲得順序に関する予測(9)の妥当性を検討した。分析対象となったコー
パスの情報は，(11)の通りである。

(11)　分析対象となった幼児発話コーパス

幼児名	コーパス作成者	年齢の範囲 (歳；か月：日)	分析された ファイル数	幼児発話数
Abe	Kuczaj(1976)	2;04:24-2;11:30	60	7,648
Adam	Brown(1973)	2;03:04-3;05:01	30	26,776
Allison	Bloom(1973)	1;04:21-2;10:00	6	2,192
April	Higginson(1985)	1;10-2;11	6	2,321
Eve	Brown(1973)	1;06-2;03	20	12,473
Naomi	Sachs(1983)	1;02:29-4;09:03	93	16,634
Nina	Suppes(1973)	1;11:16-3;02:04	50	28,179
Peter	Bloom(1970)	1;09:08-3;01:20	20	30,256
Sarah	Brown(1973)	2;03:05-3;08:27	75	20,787
Shem	Clark(1978)	2;02:16-3;00:20	43	16,282
				計 163,548

　分析方法としては，幼児の発話の中から，前置詞残留現象および(動詞 want

を伴った)前置詞埋め込み構文を含む最初のはっきりした発話を見つけ出し，その発話時期をその現象の獲得時期とみなした。その結果をまとめたものが(12)である。

(12)　前置詞残留現象と前置詞埋め込み構文の獲得年齢

幼児名	前置詞残留現象	前置詞埋め込み構文
Abe	2;07:07	2;07:11
Adam	2;05:12	2;09.04
Allison	（該当発話なし）	2;10
April	2;09	（該当発話なし）
Eve	2;02	（該当発話なし）
Naomi	2;08:23	2;11:08
Nina	2;09:13	2;10:21
Peter	2;08:12	2;08:12
Sarah	3;03:07	3;03:13
Shem	2;06:06	2;11:10
平均年齢	2;07	2;10

　(12)の結果が示すように，10名の幼児のうち7名が，コーパスの終わりまでに両方の現象に関する知識を獲得していた。では，獲得順序が決定できるこれら7名の幼児に関して，獲得順序に関する予測(9)が妥当であると言えるだろうか。年齢を見る限り，大部分の幼児は前置詞残留現象を前置詞埋め込み構文よりも先に獲得しているようにみえるが，客観的な判断を行うためには，その間に統計的に有意な差があるかどうかを明らかにする必要がある。そのめ，以下のような方法で二項検定を実施した。

　Ninaを例にして議論しよう。Ninaは，前置詞残留現象を含む最初のはっきりした発話を2歳9か月で行い，前置詞埋め込み構文を含む最初のはっきりした発話を2歳10か月で行った。そして，Ninaは，前置詞埋め込み構文を獲得するまでに，前置詞残留現象を含む発話を11回行った。両方の性質が獲得されて以降の15ファイルにおいて，Ninaは前置詞残留現象を16回，前置詞埋め込み構文を12回発話した。

(13) Nina の獲得過程

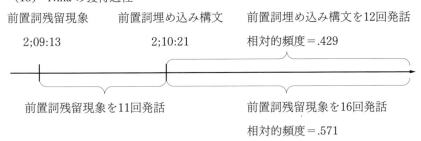

両方の性質が獲得され，どちらも発話できるようになった状態において，前置詞残留現象と前置詞埋め込み構文の発話の合計回数28回のうち，16回が前置詞残留現象であったことから，この現象の相対的頻度は16/28＝57.1%(0.571)であると言える。この相対的頻度が獲得過程において変化せず，同一であるという仮説のもとで，前置詞残留現象が先に偶然11回発話された確率は，0.571の11乗によって求めることができる。得られた数値は0.0021となるため，Ninaは1%水準で，前置詞残留を前置詞埋め込み構文よりも有意に早く獲得したと言える。

このような二項検定を，コーパスの終わりまでに両方の構文を獲得した7名に実施したところ，(14)に示した結果の通り，3名が前置詞残留を前置詞埋め込み構文よりも有意に早く獲得していた。残りの4名のうち，1名(Peter)は両構文を同じファイル内で発話し始めており，他の3名については有意な差が見られなかったため，これらの構文をほぼ同時に獲得したものと考えられる。一方，前置詞埋め込み構文を前置詞残留現象よりも先に獲得した幼児は観察されず，得られた結果は(9)の予測と合致するものであった。したがって，英語の獲得過程から得られた結果は，パラメータによって前置詞埋め込み構文を許す言語が前置詞残留現象を許す言語の一部に限定されているというKayne (1981)の主張を支持するものと言える。

(14) 前置詞残留現象と前置詞埋め込み構文の獲得に関する統計分析の結果

幼児名	先に発話された回数	相対的頻度 前置詞残留	相対的頻度 前置詞埋め込み構文	$p=$
Abe	1 （前置詞残留）	.458	.542	$p>.10$
Adam	16 （前置詞残留）	.174	.826	$p<.01$
Naomi	2 （前置詞残留）	.500	.500	$p>.10$

Nina	11	（前置詞残留）	.571	.429	$p<.01$
Sarah	1	（前置詞残留）	.412	.588	$p>.10$
Shem	22	（前置詞残留）	.429	.571	$p<.01$

13.5 英語における前置詞残留現象と二重目的語構文の獲得

　では次に，前置詞残留現象と二重目的語構文の獲得順序に関する予測(10)の妥当性について議論しよう。Sugisaki & Snyder (2006)の研究では，前節で議論した前置詞残留現象と前置詞埋め込み構文の獲得順序に関する予測(9)の検討と同様に，CHILDES データベースに収められている 10 名分の英語を母語とする幼児の発話を分析することで，予測(10)が妥当であるか否かを調査した。分析対象となったコーパスの情報は前節に提示した(11)の通りである。

　分析方法としては，幼児の発話の中から，前置詞残留現象および二重目的語構文のそれぞれに関して，その現象を含む最初のはっきりした発話を見つけ出し，その発話時期をその現象の獲得時期とみなした。その結果をまとめたものが(15)である。

(15)　前置詞残留現象と二重目的語構文の獲得年齢

幼児名	前置詞残留現象	二重目的語構文
Abe	2;07:07	2;06:14
Adam	2;05:12	2;03:04
Allison	（該当発話なし）	1;10:00
April	2;09	1;10
Eve	2;02	1;08
Naomi	2;08:23	2;00:05
Nina	2;09:13	1;11:29
Peter	2;08:12	2;01:00
Sarah	3;03:07	2;10:20
Shem	2;06:06	2;03:21
平均年齢	2;07	2;01

138——第3部　言語獲得におけるパラメータの関与

(15)の結果が示すように，10名の幼児のうち9名が，コーパスの終わりまでに両方の現象に関する知識を獲得していた。各幼児における両現象の獲得年齢を見る限り，予測に反して，二重目的語構文を先に獲得したと思われる幼児が大部分である。この印象が実際の獲得順序を正しく反映しているかどうかを確認するために，9名の幼児に関して，前節で説明した方法で二項検定を実施した。その結果は，(16)の通りであった。

(16)　前置詞残留現象と二重目的語構文の獲得に関する統計分析の結果

| 幼児名 | 先に発話された回数 | | 相対的頻度 | | $p=$ |
			前置詞残留	二重目的語構文	
Abe	1	(二重目的語構文)	.692	.308	$p>.10$
Adam	0		.602	.398	——
April	4	(二重目的語構文)	.250	.750	$p<.01$
Eve	19	(二重目的語構文)	.889	.111	$p>.10$
Naomi	11	(二重目的語構文)	.692	.308	$p<.05$
Nina	16	(二重目的語構文)	.836	.164	$p>.05$
Peter	37	(二重目的語構文)	.919	.081	$p<.05$
Sarah	18	(二重目的語構文)	.837	.163	$p<.05$
Shem	5	(二重目的語構文)	.310	.690	$p<.01$

　Adamに関しては，(前置詞を含まない)wh疑問文そのものの獲得時期が，前置詞残留現象と同時期であり，wh移動の獲得という要因によって，(wh移動を含まない)二重目的語構文よりも(wh移動を含む)前置詞残留現象の獲得が遅れた可能性が存在するため，二項検定の対象からは外した。他の8名に関して二項検定を実施したところ，3名の幼児に関しては，有意な差が見られなかったため，これらの構文をほぼ同時に獲得したものと考えられるが，5名の幼児が，(10)の予測に反して，二重目的語構文を前置詞残留現象よりも有意に早く獲得していることが判明した。この結果は，パラメータによって二重目的語構文を持つ言語が前置詞残留現象を許す言語の一部に限定されているというKayne (1981)の主張に対し，英語の獲得過程からの反例を提示するものである。つまり，Kayne (1981)がパラメータに関する提案を行う際に基盤とした，前置詞残留現象と二重目的語構文における言語の異なり方についての一般化は，少数の言語を比較することから生じてしまった誤った一般化であったと考えられる。

13.6　本章のまとめ

本章では，前置詞残留現象を司るパラメータに関する Kayne (1981)の提案を取り上げ，その妥当性を調査した獲得研究について議論を行った。Kayne (1981)によれば，前置詞残留現象を司るパラメータは，その働きにより，前置詞残留現象を許容する言語の一部においてのみ前置詞埋め込み構文や二重目的語構文の存在を可能とする。このパラメータからは，これら3種類の性質を許容する英語の獲得に関して，幼児は前置詞埋め込み構文や二重目的語構文を前置詞残留現象よりも先に獲得することはないという予測が導かれる。Sugisaki & Snyder (2006)による研究は，この予測の妥当性を，10名の幼児の自然発話コーパスを分析することによって検討した。その結果，パラメータによって前置詞埋め込み構文を許す言語が前置詞残留現象を許す言語の一部に限定されているという部分に関しては英語の獲得過程から支持が得られるものの，パラメータによって二重目的語構文を持つ言語が前置詞残留現象を許す言語の一部に限定されているという部分に関しては，英語の獲得過程は反例を提示することを明らかにした。Sugisaki & Snyder (2006)による分析で得られた結果は，母語獲得に対するパラメータの関与に対して新たな証拠を提示する一方で，母語獲得過程がいかにしてパラメータに関する提案に対し反例を示すことができるかを具体的に示したという点において重要であると言えるだろう。

考えてみよう！

(A)　Stowell (1981)の研究によると，(17)のような前置詞残留現象を許容するのは，(18)のような verb-particle 構文を許容する言語の一部に限られるようである。

(17)　Who was Peter talking with?
(18)　Peter picked up the book.

言　　語	verb-particle 構文	前置詞残留
英語	可	可
ドイツ語	可	不可
スペイン語	不可	不可

140——第3部　言語獲得におけるパラメータの関与

言語の異なり方に関する上記の一般化が UG のパラメータから導かれるのであれば，(17)と(18)の両方を許す英語の獲得に関して，どのような予測が導かれることになるか，述べてみよう。

(B)　CHILDES データベースに含まれる Eve という幼児は，前置詞残留現象と verb-particle 構文の獲得に関して，以下のような状況を示した。この幼児は verb-particle 構文を前置詞残留現象よりも有意に早く獲得しているかどうか，二項検定を用いて確認してみよう。

(ⅰ)　Eve は，verb-particle 構文を含む最初のはっきりした発話を 1 歳 10 か月で行い，前置詞残留現象を含む最初のはっきりした発話を 2 歳 2 か月で行った。

(ⅱ)　Eve は，前置詞残留現象の最初のはっきりした発話を行うまでに，verb-particle 構文を含む発話を 8 回行った。

(ⅲ)　Eve は，前置詞残留現象の最初のはっきりした発話以降，コーパスの最後までに，verb-particle 構文および前置詞残留を含む発話をそれぞれ 2 回ずつ行った。

参考文献

Sugisaki, Koji, and William Snyder. 2002. Preposition stranding and the Compounding Parameter: A developmental perspective. In *Proceedings of the 26th annual Boston University Conference on Language Development*, eds. Barbora Skarabela, Sarah Fish, and Anna H.-J. Do, 677–688. Somerville, Massachusetts: Cascadilla Press.

Stowell, Timothy. 1981. *Origins of Phrase Structure*. Doctoral dissertation, Massachusetts Institute of Technology.（前置詞残留現象を取り上げている第 7 章を読んでみよう。）

第14章　項省略

本章のポイント

✓ 日本語や韓国語において観察され，スペイン語などには観察されない項省略とはどのような現象だろうか。また，項省略の有無は，他のどのような言語現象の有無と関係していると考えられているだろうか。

✓ 項省略を司るパラメータが存在することを支持する日本語獲得からの証拠は何だろうか。

14.1　日本語・韓国語における項省略

　日本語や韓国語では，英語とは異なり，主語や目的語などを表出しないで済ませることが可能である。例えば，英語の会話である(1)に相当する日本語の会話(2)では，話者 B の返答において主語も目的語も表出されていないが，日本語の母語話者にとってはきわめて自然な返答となる。

（1）　話者 A：Did Ken buy that computer?
　　　　話者 B：Yes, he bought it.

（2）　話者 A：ケンはあのパソコンを買ったの？
　　　　話者 B：うん，買ったよ。

　(2)の話者 B の発話においては，表出されていない主語は「ケン」を指し，表出されていない目的語は「あのパソコン」を指すと解釈される。(1)にある英語の会話における話者 B の返答が主語位置と目的語位置にそれぞれ he と it という代名詞を含んでいることを考慮すると，(2)にある日本語の会話における話者 B の返答においては，主語位置と目的語位置に，それぞれ発音されない（つまり，

音形を持たない）代名詞が存在していると考えることができる。このような音形
を持たない代名詞を *pro* と表記することにしよう。

（3）　話者Ａ：ケンはあのパソコンを買ったの？
　　　　話者Ｂ：うん，*pro pro* 買ったよ。

(2)にある日本語の会話では，話者Ｂの返答は1通りの解釈しか持たないが，
(4)のような例を考えてみよう。

（4）　話者Ａ：タロウは自分の車を洗ったよ。
　　　　話者Ｂ：ハナコも＿＿＿＿＿＿＿洗ったよ。

(4)の会話では，話者Ｂの返答における「洗った」の目的語は，2通りの解釈が
可能である。1つの解釈は，「洗った」の目的語は「タロウの車」を指し，「ハナ
コもタロウの車を(一緒に)洗った」という解釈である。この解釈は，話者Ｂの
発話における「洗った」の目的語の指示対象が，話者Ａの発話における目的語
の指示対象と同一であるため，**厳密な同一性解釈**(strict-identity interpretation)と
呼ばれる。この厳密な同一性解釈は，(5)の話者Ｂの発話に示されるような，音
形を持った代名詞を含む文から得られる解釈と同じなので，(6)に示すように，
音形を持たない代名詞 *pro* が目的語位置に存在することから生じる解釈であると
考えられる。

（5）　話者Ａ：タロウは自分の車を洗ったよ。
　　　　話者Ｂ：ハナコもそれを洗ったよ。
（6）　話者Ａ：タロウは自分の車を洗ったよ。
　　　　話者Ｂ：ハナコも *pro* 洗ったよ。

　もう1つの可能な解釈は，(4)における話者Ｂの返答における「洗った」の目
的語が「ハナコ自身の車」を指すという解釈であり，この場合，話者Ｂの返答
は「ハナコもハナコ自身の車を洗った」という解釈を受ける。**緩やかな同一性解
釈**(sloppy-identity interpretation)と呼ばれるこの解釈は，(5)の話者Ｂの発話の
ような，発音を伴った代名詞を含む文から得られる解釈ではないため，発音され
ない代名詞 *pro* の存在を仮定することでは説明ができない。

　Oku (1998)による研究は，この解釈を説明するために，日本語では，先行す
る文と後続する文において主語や目的語が同一である場合に，後続する文の主語

や目的語を省略することが可能であると主張した。つまり，Oku（1998）の分析では，（4）における話者 B の発話の持つ緩やかな同一性解釈は，（7）に示すように，話者 B の発話の目的語である「自分の車を」を省略することによって生じる。

（7）　話者 A：タロウは自分の車を洗ったよ。
　　　話者 B：ハナコも自分の車を洗ったよ。

　主語や目的語のように，述語が文を完成させるために必要不可欠な要素は**項**（argument）と呼ばれるため，（7）に示されるような目的語などの項の省略現象のことを**項省略**（argument ellipsis）と呼ぶ。

　項省略という名称は，項が省略された現象であることを示すと同時に，項ではない要素は省略できないということを示した名称でもある。（8）の文に含まれる「ゆっくり」のような要素は項ではないため，**付加詞**（adjunct）と呼ばれる。もし（8）における話者 B の発話において，先行詞となる話者 A の文の付加詞「ゆっくり」に基づいて，同一の付加詞が省略可能であれば，話者 B の発話は，「ハナコはゆっくり歩かなかった。」という文と同じ解釈，つまり「ハナコは歩いたが，ゆっくりとした歩き方ではなかった。」という解釈を持ちうるはずである。しかしながら，話者 B の発話はこのような解釈を持たず，「ハナコは（全く）歩かなかった。」という意味に限定される。この観察から，日本語で省略されうるのは項のみであり，付加詞のような項以外の要素を省略することはできないことがわかる。

（8）　話者 A：タロウはゆっくり歩いたよ。
　　　話者 B：でも，ハナコは歩かなかったよ。

　項省略は，日本語のみならず，韓国語においても観察される。Saito & An（2010）による韓国語の例（10b）は，埋め込み文の主語が表出されていない日本語の例（9b）と同様に，項省略から生じる緩やかな同一性解釈を許容し，「メアリーも自分の提案が採用されると思っている」という解釈が可能である。

（9）　a.　ジョンは［自分の提案が採用される］と思っている。
　　　b.　メアリーも［＿＿＿＿採用される］と思っている。

(10) a. John-un　［caki-uy　ceyan-i　　　chaythayktoylkela　ko］
　　　　John-TOP　self-GEN　proposal-NOM　be.adopted　　　　COMP
　　　　sayngkakhanta.
　　　　think
　　b. Mary-to　［_____　chaythayktoylkela　ko］　　sayngkakhanta.
　　　　Mary-also　　　　be.adopted　　　　COMP　　think

　英語では，そもそも主語や目的語を表出しないで済ませることがほぼ不可能であるが，第9章で議論した通り，スペイン語では空主語が許容される。ではスペイン語の空主語は，日本語の例(9)や韓国語の例(10)と同様に，緩やかな同一性解釈を許容するのだろうか。Oku (1998)によると，スペイン語の例(11b)における空主語は，厳密な同一性解釈のみを許容し，「Juan も Maria の提案が採用されると思っている」という解釈のみが可能である。つまり，スペイン語の空主語は，「Juan も Juan 自身の提案が採用されると思っている」という緩やかな同一性解釈を許容しない。

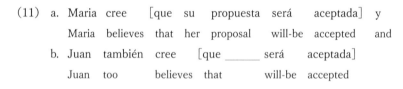

　上記の観察は，日本語や韓国語では項省略が可能である一方，スペイン語では項省略が可能ではないことを示すものである。では，項省略の有無は，他のどのような言語現象と結びついており，その有無を司るパラメータはどのようなものと考えられるだろうか。

14.2　項省略を司るパラメータ

　項省略の有無を司るパラメータに関しては，これまでの理論的研究において，大きく分けて2種類の可能性が提案されている。ひとつの可能性は，Oku (1998)や Takahashi (2008)が提案するように，項省略が存在するためには，その言語に自由語順という性質が存在しなければならないという可能性である。日本語は，スペイン語とは異なり，適切な文脈が与えられれば，目的語を前置するといった

語順の変更を比較的自由に行うことのできる言語である。

（12） a. ハナコがタロウを雇った。（主語─目的語─動詞）
　　　 b. タロウをハナコが雇った。（目的語─主語─動詞）

　この提案の背後にある考えは，日本語は，スペイン語よりも述語と項の結びつき
が弱いため，表面的には，項と述語が離れていたり，項位置が空になっていたり
することができるというものである。項と述語が離れていてもよいという理由か
ら，自由語順という性質が可能となり，また項位置が空であってもよいという理
由により，項省略という性質が観察される。文が意味解釈を受ける段階までには
項位置は埋まっている必要があるため，自由語順現象においては，前置された目
的語が通常の位置へと戻され，項省略現象においては，先行する文から必要な句
（例えば(9)であれば「自分の提案が」という埋め込み文の主語）がコピーされて，
空いている項位置に置かれると分析される。
　もうひとつの可能性は，Saito (2007)やTakahashi (2014)が提案するように，
項省略が存在できるのは，主語や目的語と動詞の一致現象を持たない言語に限ら
れる，という可能性である。スペイン語では，(13)に例示したように，主語の
人称・数に応じて動詞の形が変化するので，一致現象が存在していると言えるが，
日本語ではこのような一致現象は見られず，(14)に例示されるように，主語が1
人称単数であっても，3人称単数であっても，動詞の形は同一である。

（13） hablar「話す」

人　称	単　数	複　数
1人称	hablo	hablamos
2人称	hablas	habláis
3人称	habla	hablan

（14） a. 私は職場では英語を話す。
　　　 b. ハナコは職場では英語を話す。

　この提案は，およそ次のような考えに基づく。スペイン語のような一致現象を
示す言語では，一致によって述語と項との間に強固な関係が築かれるため，項の
「再利用」をすることができず，したがって先行する文から項をコピーして，後
続する文の空いている項位置に置くことができない。一方，日本語のように一致

146——第3部　言語獲得におけるパラメータの関与

現象を持たない言語では，述語と項との間にこのような強固な関係が築かれないため，例えば(9a)の埋め込み文内の主語である「自分の提案が」という項を，(9b)の空いている主語位置へとコピーして再利用することが可能となる。

14.3　項省略を司るパラメータからの日本語獲得への予測

　項省略を司るパラメータに関する上記の2つの提案は，日本語獲得に対してどのような予測をするかを考えることにしよう。もし項省略を司るパラメータが項省略と自由語順とを結びつけているのであれば，これら2つの性質の獲得はお互いと密接に結びついていることになるため，それらの獲得に対し，(15)の予測が成り立つはずである。

(15)　項省略と自由語順とを結びつけるパラメータからの予測：
　　　日本語の獲得において，表出されていない主語や目的語に対して緩やかな同一性解釈を与えることができるのは，自由語順に関する知識を持ち，語順の変化した文を解釈することのできる幼児のみである。

　一方，項省略を司るパラメータが，一致現象を持たない言語においてのみ項省略を許容しているのであれば，一致の欠如の有無に関する知識の獲得と項省略に関する知識の獲得はお互いと密接に結びついていることになるため，これら2つの性質の獲得に対し，(16)の予測が成り立つことになる。

(16)　項省略と一致現象の欠如とを結びつけるパラメータからの予測：
　　　日本語の獲得において，表出されていない主語や目的語に対して緩やかな同一性解釈を与えることができるのは，日本語には主語や目的語と動詞との一致現象が存在しないという知識を持つ幼児のみである。

　項省略は，表出されていない主語や目的語の解釈に関わる現象であるため，日本語を母語とする幼児が項省略に関する知識を持つか否かについては，自然発話の分析によって明らかにすることが難しく，実験を通して調査することが必要となる。その場合，実験の課題を理解したり，実験で提示されるお話を集中して聞いて理解したりするためには，およそ3歳以上の年齢の幼児を対象にせざるを得ない。では，日本語において，自由語順の知識や一致の欠如に関する知識はい

つ頃獲得されるのだろうか。果たして，(15)や(16)の予測を，そのまま実験によって確かめることは可能であろうか。

　日本語における自由語順の獲得に関しては，Otsu (1994c)の研究によると，日本語を母語とする幼児は，適切な文脈を与えられさえすれば，目的語の前置による語順の変化を受けた文(具体的には，(12b)のような文)を3歳ないしそれ以前から正しく理解できるようである。また，主語と動詞の一致については，イタリア語などの一致が豊かな言語の獲得において，幼児はすでに2歳頃で正しい一致を示しており，誤りを示す割合が平均して全発話数の4%以下と非常に低いことが Hyams (2002)などの研究において観察されている。したがって，おそらく日本語の獲得においても，一致現象が存在しないという知識は2歳頃には獲得されていると推測できる。これらの観察を考慮に入れると，項省略を司るパラメータは，それが項省略の存在と自由語順とを結びつけるものであったとしても，あるいは項省略の存在と一致現象の欠如とを結びつけるものであったとしても，3歳(以降)の幼児に対しては，同じ予測をすることになる。つまり，パラメータに関するどちらの提案においても，項省略と結びつけられているもう1つの性質は3歳以前に獲得されていると考えられるため，(17)の予測が導かれる。

(17)　項省略を司るパラメータからの予測：
　　　日本語を母語とする幼児は，3歳の段階で項省略の知識をすでに持っており，それゆえ表出されていない主語や目的語に対して緩やかな同一性解釈を与えることができる。

　3歳以前の幼児に対して用いることのできる実験方法が非常に限られているため，3歳以前の幼児を対象に項省略の知識に関する実験を実施し，(15)と(16)のどちらの予測が妥当であるかを調べることは，残念ながら現時点では難しいと考えられる。したがって，項省略を司るパラメータに関して，自由語順に基づく提案と一致現象の欠如に基づく提案のどちらが正しいかを母語獲得の観点から検討することは，実験上の制約によって実現が困難であると言わざるを得ない。しかし，もし(17)の予測が妥当ではないことが実験により明らかになった場合，つまりもし項省略の獲得が例えば6歳以降まで達成されないといった事実が判明した場合，この日本語獲得に関する事実は，自由語順に基づくパラメータおよび一致現象の欠如に基づくパラメータのいずれの提案にとっても問題となるはずである。したがって，(17)の予測が妥当であることを確かめることは，項省略を

司るパラメータに関する主要な2種類の提案にとって，非常に重要な課題となる。

14.4　日本語における項省略の獲得

Sugisaki (2007)は，省略された目的語の解釈に関して(17)の予測が妥当であるかどうかを調べるために，3歳1か月から5歳7か月までの日本語を母語とする幼児10名(平均年齢4歳5か月)を対象に実験を実施した。この実験においては，以下のようなテスト文が用いられた。

(18)　a.　パンダさんが自分の三輪車を洗っているよ。
　　　　b.　ブタさんも洗っているよ。
(19)　a.　パンダさんが自分の三輪車を洗っているよ。
　　　　b.　ブタさんもそれを洗っているよ。

(18b)の文は，目的語が省略された文である。先行する文(18a)が目的語に「自分の三輪車を」を含むため，項省略の知識を持つ幼児は，この目的語を先行詞として(18b)の目的語に項省略を適用し，それにより(18b)に対して「ブタさんも自分の三輪車を洗っているよ」という緩やかな同一性解釈を与えることができるはずである。また，この緩やかな同一性解釈がどのような種類の目的語に対しても可能であるという「誤った」知識を持っていないことを保証するため，(19b)のように目的語位置に音形を持った代名詞を含み，それゆえ緩やかな同一性解釈を許容しない文に関する幼児の解釈についても同時に調査が行われた。

　この実験で用いられた方法は，真偽値判断法である。この課題では，各幼児はまずノートパソコン上で提示された写真を見ながら，お話を聞く。このお話の後，実験者の操る人形が，お話の中で起こったと思われることについて，(18)や(19)のような文を用いて述べる。幼児の課題は，この人形の発話した文が，お話の内容に照らして，あっていたか間違っていたかを判断することである。(具体的には，人形の発話した文があっていたと思う場合には人形にイチゴを与え，間違っていたと思う場合にはピーマンを与えるように，幼児に対して指示が与えられた。)

　(18)および(19)のテスト文に付随するお話は(20)の通りである。

(20) お話の例：
今日，パンダさんとブタさんは三輪車に乗って遊んだよ。いっぱい走ったから，2人とも三輪車が泥だらけになっちゃったよ。今から2人で三輪車を洗うんだって。パンダさんが言ったよ。「うわー，僕の三輪車の方が泥だらけだ。きれいに洗えるかなあ。」それを聞いたブタさんが言ったよ。「じゃあパンダさんの三輪車を一緒に洗ってあげようか？」それを聞いたパンダさんが言ったよ。「大丈夫。僕は僕のをがんばって洗うから，ブタさんもブタさんのを洗いなよ。」2人は一生懸命三輪車を洗い始めたよ。

図 14.1　Sugisaki (2007)の実験で用いられた写真

　このお話では，結果としてブタさんはブタさん自身の三輪車を洗ったため，省略された目的語に対して緩やかな同一性解釈を許容する幼児は，(18)の文がお話に照らして「正しい」と判断するはずである。一方，緩やかな同一性解釈を許容しない代名詞を含む(19)の文に対しては，「間違っている」という判断を与えるはずである。
　この実験では，各幼児に対して，(18)のような省略された目的語を含む文が2文，(19)のような音形を持った代名詞を含む文が2文，そして課題を理解するための練習問題が1文提示された。得られた結果は(21)の通りであった。

(21) Sugisaki (2007)による実験の結果

省略された目的語を含む文に対し， 「正しい」と判断した反応	90% (18/20)
音形を伴った代名詞を含む文に対し， 「正しい」と判断した反応	15% (3/20)

　(21)に示された通り，幼児は省略された目的語と音形を持った代名詞の解釈を区別しており，前者にのみ緩やかな同一性解釈を許容することが判明した。この結果は，(17)の予測と合致するものであり，したがって項省略の知識の獲得が生得的なパラメータによって支えられているという仮説の妥当性を高めるものといえる。

14.5　本章のまとめ

　本章では，日本語や韓国語に見られる項省略の現象を取り上げ，それを司るパラメータに関する2種類の主な提案を概観し，その妥当性を調査した獲得研究について議論を行った。具体的には，日本語を母語とする幼児が，省略された目的語と音形を持った代名詞の解釈を区別しており，前者にのみ緩やかな同一性解釈を許容することを明らかにしたSugisaki (2007)の実験について，その調査方法と結果を整理した。項省略を司るパラメータに関して，自由語順に基づく提案と一致現象の欠如に基づく提案のどちらが正しいかを母語獲得の観点から検討することは，現時点では実験上の制約によって実現が困難であるが，3歳頃までに項省略の知識が獲得されるという発見は，項省略を司るパラメータがUG内に存在するという提案を支持するとともに，母語獲得の過程がパラメータの値を設定していく過程であるという仮説の妥当性を高めるものである。

考えてみよう！

(A)　日本語を母語とする幼児が，埋め込み文の主語に対しても項省略を許容し，緩やかな同一性解釈を与えることができるかどうかを調べるためには，どのような実験を行えばよいだろうか。(22)の文をヒントにしながら，具体的なデザインを考えてみよう。

第 14 章 項省略──151

(22) a. ゾウさんは［自分の絵が一番上手だと］思っているよ。

b. ライオンさんも［＿＿＿＿一番上手だと］思っているよ。

(B) 日本語を母語とする幼児が，付加詞の削除は可能ではないという知識を持つか
否かを調べるためには，どのようなデザインが考えられるだろうか。(23)の文を
ヒントにしながら，具体的なデザインを考えてみよう。

(23) a. カメさんは急いで走ったけど，ウサギさんは走らなかったよ。

b. カメさんは急いで走ったけど，ウサギさんは急いで走らなかったよ。

参考文献

Sugisaki, Koji. 2013. Argument ellipsis in acquisition. *Nanzan Linguistics* 9: 147-171.

第4部
言語獲得研究のこれまでとこれから

第15章　普遍文法に基づく言語獲得研究の
これまでとこれから

> **本章のポイント**
>
> ✓ 普遍文法に基づく母語獲得研究がこれまで明らかにしてきたことは
> 何だろうか。
> ✓ 普遍文法に基づく母語獲得研究は今後，どのように進んでいくだろ
> うか。

15.1　普遍文法に基づく母語獲得研究のこれまで

15.1.1　原理とパラメータのアプローチに基づく
母語獲得研究の主要な発見

本書では，第2章から第7章までにおいて，UGの原理が観察しうる最初期か
ら幼児の母語知識を制約していることを示した研究事例を紹介した。その後，第
9章から第14章までにおいて，UGのパラメータが母語獲得過程に関与してお
り，したがってその値を固定するプロセスが母語獲得に時間が必要とされるとい
う基本的観察を説明できる可能性を示した研究事例を紹介した。第1章で議論
した生成文法理論の母語獲得に関する基本的仮説を再度確認しながら，これらの
研究の主要な発見を整理してみることにしよう。

生成文法理論は，ヒトには遺伝により生得的に与えられた母語獲得のための仕
組みであるUGが存在し，UGが言語経験と相互作用することによって母語知識
が獲得されると仮定する。この仮説では，UGが獲得可能な言語の範囲を非常に
狭く限定しているために，幼児は限られた言語経験から必ず母語が獲得できるこ
とになる。そして，UGに対する原理とパラメータのアプローチでは，UGはす
べての言語が満たすべき制約である原理と，言語の異なりうる範囲を定めた制約

であるパラメータから成ると仮定される。

（1） UG に対する原理とパラメータのアプローチに基づく母語獲得モデル

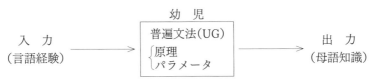

　UG の原理は，生まれつき与えられている上にすべての言語が満たさねばならない属性であるため，その内容そのものや，その属性が獲得しようとしている言語に当てはまるかどうかという点には言語経験に基づく学習が必要とされない。したがって，その属性が幼児の母語知識において発現するためには，語彙の獲得など，最小限の言語経験で十分なはずである。そのため，幼児の母語知識は観察しうる最初期から UG 原理の属性にしたがうことが予測される。
　第 2 章から第 7 章までにおいて取り上げた事例研究は，上記の予測がさまざまな言語現象を司る原理に関して妥当であることを示したものである。UG の原理が早期に発現するという発見は，これらの属性の生得性に対して支持を与えるものと言える。
　一方で，UG 原理の早期発現は，原理が関与する部分については幼児は最初期から成人と同質の母語知識を持つということを意味するため，母語知識の獲得に時間が必要とされるという根本的な点については説明を与えることができない。母語獲得に時間がかかるという事実に説明を与える役割を担うのが，パラメータである。各パラメータは，複数の値を持ち，幼児は言語経験に照らして獲得しようとする言語に当てはまる値を選択していく。値の選択に必要な言語経験の発見・分析などに時間が必要とされると考えることにより，母語獲得になぜ時間がかかるのかという問いに答えを与えることができる。第 9 章から第 14 章において取り上げた研究事例は，パラメータが実際に母語獲得過程に関与している証拠を提示するものであった。各パラメータの値からは複数の言語現象が導かれるため，同一の値から生じる複数の現象が母語獲得過程において同時に（あるいは一定の順序で）獲得されることが予測される。また，あらかじめ定められた値（デフォルト値）が獲得しようとしている言語とは一致しない場合，獲得初期において他の言語の持つ属性が観察されうるという予測が成り立つ。第 9 章から第 14 章において紹介した研究事例は，これら 2 種類の予測が妥当であることを示すこ

とにより，母語獲得過程にパラメータが関与し，それが母語獲得に時間がかかる1つの重要な要因となっている可能性を高めるものである。

まとめると，UG に対する原理とパラメータのアプローチに基づく母語獲得研究は，原理に関しては，それが最初期から幼児の母語知識を制約することを明らかにし，パラメータに関しては，それが母語獲得の時間軸を説明する1つの要因として機能している可能性を高めた。これらの発見は，見方を変えれば，原理とパラメータから成る生得的な UG の存在に対して，母語獲得の観点から証拠を与えたものと言える。

15.1.2 母語獲得の時間軸に関与する他の要因

母語知識の中で，UG によってその獲得を支えられているのは，主に個々の文そのものの持つ性質に関する知識であると考えられている。もちろん，我々の母語知識の中には，個々の文そのものに関する知識のみではなく，文脈におけるそれらの文の使われ方に関する知識も含まれている。このような語用に関する知識（pragmatic knowledge）は，UG が大きく関与する個々の文に関する知識に比べて発達が遅れるという可能性がある。もしそうであれば，パラメータに加えて，語用に関する知識の発達の遅れが，母語獲得に時間がかかるもう1つの要因として機能しているということになる。ここでは，実際にこの要因が母語獲得過程に関与していることを主張した研究について，簡単に整理しておくことにしよう。

英語を母語とする成人にとっては，(2)に示した代名詞 him を含む2つの文は，それぞれ(3)に示した再帰代名詞 himself を含む文とは同じ解釈を持つことができない。Chien & Wexler (1990)による研究は，2歳6か月から7歳0か月までの177名という大規模な被験者を対象に，(2)のような代名詞 him を含む文を，英語を母語とする幼児がどのように解釈するかを調査した。

（2） a. Ken patted him.

　　 b. Every boy patted him.

（3） a. Ken patted himself.

　　 b. Every boy patted himself.

その結果，英語を母語とする幼児は，(2a)の文をあたかも(3a)と同じ意味であるかのように解釈するという誤りを数多く示した。一方，先行詞が every boy という数量詞となっている(2b)の文に関しては，(3b)と同じ意味であるかのよう

に解釈する誤りはそれほど観察されなかった。これらの結果に対し，Chien & Wexler (1990)は，語用に関する知識の発達の遅れに基づく説明を提案した。彼らの説明によれば，UG の原理によって決定されているのは，(2b)のような文において，代名詞 him が同一文中内にある every boy のような数量詞を先行詞とすることができないという点のみである。一方，(2a)のような文において，代名詞 him が同一文中内にある Ken と同じ人物を指し示すことができないのは，語用に関する知識に属する制約による。したがって，UG の原理を反映した(2b)については，幼児は最初期から正しく(3b)に相当する解釈を排除することができるが，語用に関する知識を反映した(2a)に関しては，その発達の遅れによって，誤って(3a)に相当する解釈を許容してしまうことが生じる。

　日本語の獲得においても，語用に関する知識の発達の遅れを示唆する現象が存在する。第 4 章や第 14 章で観察した通り，日本語は英語に比べて自由な語順を持つ言語であり，(4a)のような主語―目的語―動詞の語順に加えて，(4b)のような目的語―主語―動詞の語順も可能である。

（4）　a．カメがアヒルを押した。　（主語―目的語―動詞）
　　　　b．アヒルをカメが押した。　（目的語―主語―動詞）

　Hayashibe (1975)による研究では，(4)に示した両方の語順に関して，日本語を獲得中の幼児が正しく解釈できるか否かに関する実験が実施された。被験者は 3 歳 4 か月から 5 歳 11 か月までの幼児 30 名である。文を聞き，それに合った動作を人形を用いて行うという動作法を用いて調査したところ，30 名のうち 10 名の幼児が，(4a)のような主語―目的語―動詞の語順を持つ文は正しく解釈できる一方で，(4b)のような目的語―主語―動詞の語順を持つ文は正しく解釈できず，誤って「アヒルがカメを押した」という文に相当する動作を行うことが明らかとなった。

　Otsu (1994c)は，Masunaga (1983)の研究が指摘するように，(4b)のような語順を持つ文においては，前置された目的語が，文脈において既に言及された旧情報を担っていなければならない点に注目した。Hayashibe (1975)の研究では，(4b)のような文は文脈を与えられておらず，単独で提示されていたため，この前置された目的語に対する条件を満たしていなかった。Otsu (1994c)は，(5)のように文脈を与えることでこの条件が満たされた場合に，幼児の反応が変化するか否かを，動作法を用いて確かめた。

158——第 4 部　言語獲得研究のこれまでとこれから

（5）　公園にアヒルさんがいました。そのアヒルさんをカメさんが押しました。

　3 歳児 12 名・4 歳児 12 名の計 24 名を対象に実験を行った結果，（4b）のように文脈なしで目的語―主語―動詞の文を提示された幼児の正答率が 46% であったのに対し，（5）のように文脈を伴って目的語―主語―動詞の文を提示された幼児の正答率は 90% であった。この結果を基に，Otsu（1994c）は，目的語―主語―動詞の文そのものに関する知識は UG（のパラメータ）を反映したものであり，すでに幼児の母語知識の中にあるが，（4b）のような文が提示された際に自ら文脈を補うという語用に関する知識の発達が遅れるために，文脈のない状態では目的語―主語―動詞の語順を持つ文を正しく解釈することができない，と主張した。

　このように，英語を母語とする幼児が示す代名詞 him の解釈における誤りや，日本語を母語とする幼児が示す目的語が前置された文の解釈における誤りは，語用に関する知識の発達が遅れることから生じると考えられている。この説明が正しければ，母語獲得の時間軸には，パラメータ値の固定に加えて，語用に関する知識の獲得が関与していることになる。この発見は，なぜ母語獲得に時間がかかるのかという問いの答えにさらに近づくことを可能にするものと言えるだろう。

15.2　原理とパラメータのアプローチから極小主義への変遷とこれからの母語獲得研究

　1980 年代より仮定されている UG に対する原理とパラメータのアプローチでは，「なぜ刺激の貧困という状況があるにもかかわらず幼児は母語知識を獲得できるのか」という言語獲得の論理的問題に答えを与えることが基本的課題に設定され，その問いに答えるために，数多くの原理とパラメータから成る非常に豊富な内容を含んだ UG の存在が仮定されていた。幼児に与えられる言語経験との相互作用を通して母語知識の獲得を説明できるような UG の理論は，**説明的妥当性**（explanatory adequacy）を満たす UG の理論と呼ばれるが，原理とパラメータのアプローチは，説明的に妥当な UG 理論の構築を中心的な目標に設定したものである。

　しかし，1990 年代からは，「なぜ UG はこのようなものであるのか」という，説明的妥当性を超えたより深い問題が設定され，UG そのものを説明対象とする新たな取り組みが開始された。このような研究戦略は**ミニマリスト・プログラム**

(Minimalist Program, **MP**; Chomsky 1995 など)と呼ばれる。原理とパラメータのアプローチでは，UG が生得的に与えられているということを前提にして議論が行われていたのに対し，MP では，UG がヒトに備わっていない状態からどのようにしてそれが創発したのかという点を問題に設定し，UG の起源・進化の解明を目標に掲げている。

　原理とパラメータのアプローチが仮定していたような豊富な内容を含む UG は，それについて起源・進化を問わねばならない属性を多く含んでいることになり，起源・進化の説明という観点からは極めて困難な問題を提示することになる。したがって，MP においては，UG に固有な属性をできる限り縮小し，これまで UG 固有と考えられていた属性は，徹底的に縮小された UG と，計算の効率性のような言語固有ではない一般法則（**第三要因**と呼ばれる）との相互作用から導き出す試みが行われている。

　このような MP の枠組みにおいて，母語獲得研究はどのように進んでいくのだろうか。上で述べたように，MP では UG 固有の属性を可能な限り減らすことを目指しているため，原理とパラメータのアプローチで仮定されていたような UG の原理は，原理そのものとしての役目を失い，UG 原理の早期発現に関する研究をこれまでと同様の形で続けていくことは難しくなっている。郷路(2013) が述べるように，「結果として，言語獲得研究はこれまでのように，文法理論から検証可能な経験的予測を見つけることが困難になった」という点は否めないだろう。

　一方で，MP の枠組みにおいて，これまで UG の原理と仮定されていた属性が，最小化された UG と第三要因との相互作用から導かれるとしても，その第三要因がヒトに生得的に与えられている限り，その属性が早期に発現するという予測そのものは影響を受けない可能性が高い。また，言語現象の面においても，MP の枠組みで初めて取り上げられ，説明を与えられるに至った現象も増えつつある。MP のもとで，UG と第三要因との相互作用を通して導かれることになった「原理」や言語現象が，母語獲得において早期に発現するか否かを調査することは，その説明の妥当性を確認するという意味においては，今後も重要な作業であり続けると考えられる。つまり，早期発現に関する研究は，これまでのように UG の原理そのものの存在を確認するということではなく，ある現象が最小化された UG と第三要因との相互作用から導かれる現象であるという点を確認する作業として位置づけられることになるだろう。

では，パラメータに関してはどうだろうか。言語に違いが見られること，そしてそのような違いにもかかわらず幼児は母語知識を獲得できることを考えると，言語の可能な異なり方に関する制約は MP の枠組みにおいても必要であるように思われる。Chomsky (2010)では，パラメータに相当する属性の必要性を認めつつも，そのような属性を，これまでのように UG の内部に置くのではなく，言語表現の外在化(externalization)に関わる部門，つまり形態あるいは音声・音韻的な部門に位置づけるという提案がなされている。このような仮説に基づくと，パラメータに関する個別の理論的提案からの母語獲得への予測を検証するという作業は，果たしてそのようなパラメータに相当する属性が外在化に関わる部門に実在するのか否かを明らかにする作業となる。したがって，パラメータの母語獲得への関与に関する研究は，原理の早期発現に関する研究の場合と同様に，MP における新たな位置づけのもとで重要な作業として継続されるべきものと考えられる。

本節をまとめると，UG の起源・進化の解明を目標に掲げ，UG の最小化を目指す MP のもとでは，UG 原理の早期発現や UG パラメータの母語獲得への関与に関する研究は，これまでとは異なった位置づけを持つことになる。前者は，最小化された UG と第三要因との相互作用から導かれる現象であるか否かを確認する作業となり，後者は外在化に関わる部門に実在する制約であるか否かを明らかにする作業となる。これらの研究は，位置づけが大きく変わるにせよ，母語獲得に関与する仕組みを明らかにするという点においては，今後も重要な作業であると言えるだろう。

原理とパラメータのアプローチに基づく母語獲得研究が行っていた作業を新たな位置づけにおいて続けていくことは重要であるが，その一方で，MP の枠組みで提示された言語分析が，これまでに十分な説明が与えられていなかった母語獲得の事実に対して新たな説明の可能性を切り開く場合もあり，そのような MP に基づく新たな説明を蓄積していくことはこれからの母語獲得研究においてより重要な作業と言えるだろう。次節では，このような事例の 1 つとして，英語獲得に見られる助動詞 do の誤りについて議論したい。

第 15 章　普遍文法に基づく言語獲得研究のこれまでとこれから——161

15.3　極小主義の分析に基づく獲得研究の事例：
助動詞 do の誤りに関して

　英語を母語として獲得中の 2〜4 歳の幼児は，3 人称単数形の主語を含む否定文において，正しく doesn't を含む(6a)のような発話に加えて，誤って don't を用いた(6b)のような発話を行うことが知られている。

（6）　a.　So Paul doesn't wake up.　　（Adam, 3;04)
　　　　b.　*Robin don't play with pens.　　（Adam, 3;04)

Guasti & Rizzi (2002)によると，3 人称単数形の主語を含む *wh* 疑問文・yes/no 疑問文においては，このような助動詞 do に関する誤りはそれほど観察されず，大部分において正しく does が用いられる。つまり，(7b)のような誤りはほとんど観察されない。

（7）　a.　Does dis(＝this) write?　　（Adam, 3;04)
　　　　b.　*Do he go?

　具体的には，Guasti & Rizzi (2002)による研究では，CHILDES データベースに含まれている英語を母語とする幼児のコーパスのうち，(8)にあげた 5 名分に関して分析を行い，(9)のような結果を得た。

（8）　分析対象となった幼児自然発話コーパス

幼児名	コーパス作成者	分析対象ファイル	年齢の範囲
Adam	Brown (1973)	1-40	2;03-3;11
Sarah	Brown (1973)	1-138	2;03-5;01
Nina	Suppes (1973)	1-56	1;11-3;03
Ross	MacWhinney (2000)	20-53	2;06-4;06
Peter	Bloom (1970)	1-20	1;09-3;01

（9） 分析結果：幼児の発話数

幼児名	分析対象 ファイル	否定文		疑問文	
		doesn't	*don't	does	*do
Adam	11–33	8	12	78	3
Sarah	50–137	55	40	76	1
Ross	24–50	72	20	51	1
Nina	12–51	65	65	62	0
Peter	15–18	20	7	3	0
合　計		220	144	270	5

　このような幼児英語に見られる助動詞 do の主語との一致に関する非対称性は，どのように説明されるだろうか。1つの単純な可能性は，これらの幼児は don't を not と本質的に同一の要素として扱っているため，do の一致に関する誤りが否定文にのみ観察される，という可能性である。この説明が正しければ，（10）のように not の位置にそのまま don't が現れているような誤った文が英語の獲得において観察されるはずである。

（10）　a. *He('s) don't happy.
　　　　b. *He might don't laugh.
　　　　c. *He did don't laugh.
　　　　d. *He's don't singing.

　Schütze (2010)は，（8）にある5名の幼児のうちの4名を含む，5名分の幼児の自然発話を分析した結果，（10)のような誤りがごくわずかしか存在しないことを明らかにした。したがって，（9)に示された非対称性は，幼児が don't と not を混同していることから生じているとは考えにくい。
　（9)に示された観察は，英語の獲得において，助動詞 do が時制を担う機能範疇である T(ense) の位置にとどまっている場合には誤りが生じるが，助動詞 do が補文標識の位置である C(omplementizer) に現れている場合には，誤りが生じないことを示している。この観察は，MP の枠組みにおいて T と C との間の密接な関係に説明を与えた Chomsky (2007; 2008) の提案を利用すると，うまく説明を与えることができると考えられる。

英語の例である(11a)が示すように，that のような C を伴う埋め込み文では，T の位置に現れる助動詞や be 動詞は時制や主語との一致を示すのに対し，(11b) のように C が存在しないと考えられる埋め込み文では，T は時制や一致を示さない。

(11)　a. John believes that Mary is honest.
　　　b. John believes Mary to be honest.

Chomsky (2007; 2008) は，MP の枠組みにおいて，(11)に例示されるような C と T との密接な関係に対して本質的な説明を与えるために，T が担う時制や一致に関する素性はもともとは C に存在し，C から T へと継承されるという**素性継承**(feature inheritance)のメカニズムを提案した。

(12)　Chomsky (2007; 2008)：C から T への素性継承メカニズム

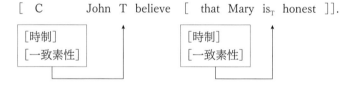

この C から T への素性継承メカニズムを仮定し，さらに獲得過程においてこの継承が随意的に起こる段階があると仮定すると，なぜ否定文においてのみ do の一致に関する誤りが見られ，疑問文ではそれが見られないかに対し，説明を与えることが可能となる。否定文においては，助動詞 do は T の位置にとどまるため，素性の継承が起こった場合には T は一致素性を担い，主語との一致を示すことになるが，素性の継承が起こらなかった場合には，T には一致の素性が存在しないため，do という誤った形で現れることになる。

(13)　否定文に対する分析
　　　a. 素性継承が起こった場合

b. 素性継承が起こらなかった場合

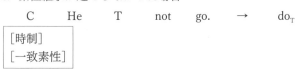

一方，疑問文の場合には，TがCの位置へ移動するため，素性の継承が起こっても起こらなくても，結局Tの位置に挿入されるdoは，移動前のTの位置あるいは移動後のCの位置で一致素性を担うことになり，必ずdoesという形をとることになる。

(14) 疑問文に対する分析
　　a. 素性継承が起こった場合

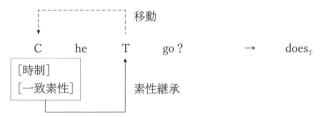

　　b. 素性継承が起こらなかった場合

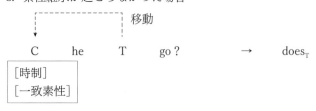

このように，Tが担う時制や一致に関する素性はもともとCに存在し，Tに継承されるというChomsky (2007; 2008)の仮説を採用することで，助動詞doが示す主語との一致に関する否定文と疑問文との間の違いを説明することができる。Chomsky (2007; 2008)が提案する素性継承メカニズムは，MPの枠組みにおいて，CとTとの密接な関係に対して深い説明を与えるために提案されたものであるが，この仕組みを仮定することで，幼児英語に見られる誤りのパターンを導き出すことが可能となる。

この研究事例が示すように，MPの枠組みで提示された具体的でより深い言語

分析が，母語獲得の事実に対して新たな説明をもたらす場合が存在する。MP に基づく言語分析を考慮に入れながら，それがどのような母語獲得の事実に新たな説明を与えることができるかを発見していくことが，今後の母語獲得研究において欠かせない作業となっていくだろう。

15.4　普遍文法に基づく母語獲得研究：まとめ

UG に基づく母語獲得研究は，それが原理とパラメータのアプローチの枠組みにおけるものであっても，MP の枠組みにおけるものであっても，成人の持つ母語知識に対する研究の成果を踏まえながら行うことを特徴としており，まさにその部分が他の種類の母語獲得研究と大きく異なっている部分であると考えられる。生成文法理論は，母語知識の獲得を説明するためには，その最初期段階に関する知見，つまり UG に関する知見と，安定段階に関する知見，つまり獲得された母語知識に関する知見が欠かせないものであるとの認識を明確に打ち出しており，生成文法理論に基づく母語獲得研究は，この両者の持つ性質に加えて，その間がどのようにつながっているのかを明らかにすることを目指している。したがって，生成文法理論に基づいて母語獲得の研究を行おうとする者は，UG と母語知識，およびそれらの間に存在する中間段階の三者を射程に入れながら研究を行う必要があり，それはとても大変な作業である。しかし，大変な作業であるからこそ，そのような研究を行うことで得られた母語獲得に関する発見は，非常に興味深く，重要なものとなる。本書で取り上げたさまざまな研究事例を通して，UG に基づく母語獲得研究がいかに大変で，挑戦的で，興味深い試みであるかが少しでも多くの方に伝われば幸いである。

考えてみよう！

(A)　(1)に示された言語獲得のモデルは，UG に対して必要な言語経験を一括して与えると，瞬時にして成人の持つ母語知識に到達できるということを示しており，時間という要因を含んでいない理想化されたモデルとなっている。このような言語獲得に関する**瞬時的モデル**(instantaneous model)への理想化が可能だと考える根拠は何だろうか。大津(1989)を読んで，その根拠を整理してみよう。

(B)　英語を母語とする幼児は，(15)のような動詞句削除(VP-ellipsis)を含む文にお

いても，本章で議論したような do の一致に関する誤りを示すだろうか。実際に CHILDES データベースに含まれる英語を母語とする幼児の発話を分析し，確認してみよう。

(15)　John likes Mary, and Bill does, too.

参考文献

Schütze, Carson. 2010. The status of nonagreeing *don't* and theories of root infinitives. *Language Acquisition* 17: 235-271.

大津由紀雄. 1989.「心理言語学」柴田方良・大津由紀雄・津田葵『英語学の関連分野』(英語学大系 6) 大修館書店.

引 用 文 献

Baker, Mark. 2001. The natures of non-configurationality. In *The Handbook of Contemporary Syntactic Theory*, eds. Mark Baltin and Chris Collins, 407–438. Oxford: Blackwell.

Berwick, Robert C., Paul Pietroski, Beracah Yankama, and Noam Chomsky. 2011. Poverty of the stimulus revisited. *Cognitive Science* 35: 1207–1242.

Bloom, Lois. 1970. *Language Development: Form and Function in Emerging Grammars.* Cambridge, Massachusetts: MIT Press.

Bloom, Lois. 1973. *One Word at a Time: The Use of Single Word Utterances before Syntax.* The Hague: Mouton.

Bloom, Paul. 1990. Subjectless sentences in child language. *Linguistic Inquiry* 21: 491–504.

Brown, Roger. 1973. *A First Language: The Early Stages.* Cambridge, Massachusetts: Harvard University Press.

Cheney, Dorothy L., and Robert M. Seyfarth. 1990. *How Monkeys See the World: Inside the Mind of Another Species.* Chicago, Illinois: University of Chicago Press.

Chien, Yu-Chin, and Kenneth Wexler. 1990. Children's knowledge of locality conditions in binding as evidence for the modularity of syntax and pragmatics. *Language Acquisition* 1: 225–295.

Chomsky, Carol. 1969. *The Acquisition of Syntax in Children from 5 to 10.* Cambridge, Massachusetts: MIT Press.

Chomsky, Noam. 1973. Conditions on transformations. In *A Festschrift for Morris Halle*, eds. Stephen Anderson and Paul Kiparsky, 232–286. New York: Holt, Rinehart and Winston.

Chomsky, Noam. 1981. *Lectures on Government and Binding: The Pisa Lectures.* Dordrecht: Foris Publications.

Chomsky, Noam. 1995. *The Minimalist Program.* Cambridge, Massachusetts: MIT Press.

Chomsky, Noam. 2007. Approaching UG from below. In *Interfaces＋Recursion＝Language?*, eds. Uli Sauerland and Hans-Martin Gärtner, 1–29. Berlin: Mouton de Gruyter.

Chomsky, Noam. 2008. On phases. In *Foundational Issues in Linguistic Theory: Essays in Honor of Jean-Roger Vergnaud*, eds. Robert Freidin, Carlos Peregrín Otero, and Maria Luisa Zubizarreta, 133–166. Cambridge, Massachusetts: MIT Press.

Chomsky, Noam. 2010. Some simple evo devo theses: How true might they be for language? In *The Evolution of Human Language*, eds. Richard K. Larson, Viviane Déprez, and Hiroko Yamakido, 45–62. Cambridge: Cambridge University Press.

Clark, Eve. 1978. Strategies for communicating. *Child Development* 49: 953–959.

Crain, Stephen, and Mineharu Nakayama. 1987. Structure dependence in grammar formation. *Language* 63: 522-543.

Crain, Stephen, and Rosalind Thornton. 1998. *Investigations in Universal Grammar: A Guide to Experiments on the Acquisition of Syntax and Semantics.* Cambridge, Massachusetts: MIT Press.

Curtiss, Susan. 1977. *Genie: A Psycholinguistic Study of a Modern-Day "Wild Child".* New York: Academic Press.

Déprez, Viviane, and Amy Pierce. 1993. Negation and functional projections in early grammar. *Linguistic Inquiry* 24: 25-67.

de Villiers, Jill, Thomas Roeper, and Anne Vainikka. 1990. The acquisition of long-distance rules. In *Language Processing and Language Acquisition,* eds. Lyn Frazier and Jill de Villiers, 257-297. Dordrecht: Kluwer.

郷路拓也. 2013.「ミニマリストプログラムと言語獲得研究」池内正幸・郷路拓也(編著)『生成言語研究の現在』pp. 41-65. ひつじ書房.

Greenberg, Joseph H. 1963. Some universals of grammar with particular reference to the order of meaningful elements. In *Universals of Language,* ed. Joseph H. Greenberg, 73-113. Cambridge, Massachusetts: MIT Press.

Guasti, Maria Teresa, and Luigi Rizzi. 2002. Agreement and tense as distinct syntactic positions: Evidence from acquisition. In *Functional Structure in DP and IP: The Cartography of Syntactic Structures, Volume 1,* ed. Guglielmo Cinque, 167-194. New York: Oxford University Press.

Hale, Kenneth. 1980. Remarks on Japanese phrase structure: Comments on the papers on Japanese syntax. In *MIT Working Papers in Linguistics 2: Theoretical Issues in Japanese Linguistics,* eds. Yukio Otsu and Ann Farmer, 185-203. Cambridge, Massachusetts: MIT Working Papers in Linguistics.

Hankamer, Jorge, and Ivan Sag. 1976. Deep and surface anaphora. *Linguistic Inquiry* 7: 391-426.

Harves, Stephanie, and Richard Kayne. 2012. Having 'need' and needing 'have'. *Linguistic Inquiry* 43: 120-132.

Hayashibe, Hideo. 1975. Word order and particles: A developmental study in Japanese. *Descriptive and Applied Linguistics* 8: 1-18.

Higginson, Roy. 1985. *Fixing: A Demonstration of the Child's Active Role in Language Acquisition.* Doctoral dissertation, Washington State University, Washington.

Hyams, Nina. 1986. *Language Acquisition and the Theory of Parameters.* Dordrecht: D. Reidel.

Hyams, Nina. 2002. Clausal structure in child Greek: A reply to Varlokosta, Vainilla and Rohbacher and a reanalysis. *The Linguistic Review* 19: 225-269.

Hyams, Nina, and Kenneth Wexler. 1993. On the grammatical basis of null subjects in child language. *Linguistic Inquiry* 24: 421-459.

引 用 文 献——169

Isobe, Miwa. 2007. The acquisition of nominal compounding in Japanese: A parametric approach. In *Proceedings of the 2nd Conference on Generative Approaches to Language Acquisition North America (GALANA)*, eds. Alyona Belikova, Luisa Meroni, and Mari Umeda, 171–179. Somerville, Massachusetts: Cascadilla Proceedings Project.

Kayne, Richard. 1981. On certain differences between French and English. *Linguistic Inquiry* 12: 349–371.

岸本秀樹. 2009. 『ベーシック生成文法』ひつじ書房.

Kuczaj, Stan. 1976. *-ing, -s, and -ed: A Study of the Acquisition of Certain Verb Inflections.* Doctoral dissertation, University of Minnesota.

Kuno, Susumu. 1973. *The Structure of the Japanese Language.* Cambridge, Massachusetts: MIT Press.

Kuno, Susumu. 1976. Subject raising. In *Syntax and Semantics 5: Japanese Generative Grammar*, ed. Masayoshi Shibatani, 17–49. New York: Academic Press.

Lasnik, Howard, and Juan Uriagereka. 1988. *A Course in GB Syntax: Lectures on Binding and Empty Categories.* Cambridge, Massachusetts: MIT Press.

MacWhinney, Brian. 2000. *The CHILDES Project: Tools for Analyzing Talk.* Mahwah, New Jersey: Lawrence Erlbaum Associates.

Maling, Joan, and Annie Zaenen. 1985. Preposition-stranding and oblique case. *Cornell Working Papers in Linguistics* 7: 149–161.

Masunaga, Kiyoko. 1983. Bridging. In *Proceedings of the XIIIth International Congress of Linguists*, eds. Shiro Hattori and Kazuko Inoue, 455–460. Tokyo: Proceedings Publishing Committee.

松岡和美, 上田雅信, 平田未季, 藪いずみ. 2005. Truth-Value Judgement Task(真偽値判断課題)：実験セッションの手順と注意点. 『慶應義塾大学日吉紀要：言語・文化・コミュニケーション』35, pp. 1–17.

McDaniel, Dana, Bonnie Chiu, and Thomas Maxfield. 1995. Parameters for *wh*-movement types: Evidence from child English. *Natural Language and Linguistic Theory* 13: 709–753.

Merchant, Jason. 2001. *The Syntax of Silence: Sluicing, Islands, and Identity in Ellipsis.* New York: Oxford University Press.

Merchant, Jason. 2013. Voice and ellipsis. *Linguistic Inquiry* 44: 77–108.

Miyagawa, Shigeru. 1989. *Structure and Case Marking in Japanese.* New York: Academic Press.

Murasugi, Keiko. 1991. *Noun Phrases in Japanese and English: A Study in Syntax, Learnability and Acquisition.* Doctoral dissertation, University of Connecticut, Storrs.

村杉恵子. 2014. 『ことばとこころ——入門　心理言語学』みみずく舎.

Oku, Satoshi. 1998. LF copy analysis of Japanese null arguments. In *Proceedings of CLS 34: Papers from the Main Session*, eds. M. Catherine Gruber, Derrick Higgins, Kenneth S.

Olson, and Tamra Wysocki, 299–314. Chicago, Illinois: Chicago Linguistic Society, University of Chicago.

Orfitelli, Robyn, and Nina Hyams. 2012. Children's grammar of null subjects: Evidence from comprehension. *Linguistic Inquiry* 43: 563–590.

Otsu, Yukio. 1981. *Universal Grammar and Syntactic Development in Children: Toward a Theory of Syntactic Development.* Doctoral dissertation, Massachusetts Institute of Technology.

大津由紀雄. 1989. 「心理言語学」柴田方良・大津由紀雄・津田葵『英語学の関連分野』(英語学大系 6), pp. 181-361. 大修館書店.

Otsu, Yukio. 1994a. Case-marking particles and phrase structure in early Japanese. In *Syntactic Theory and First Language Acquisition: Cross-linguistic Perspectives*, eds. Barbara Lust, Margarita Suñer, and John Whitman, 159–169. Hillsdale, New Jersey: Lawrence Erlbaum Associates.

Otsu, Yukio. 1994b. Notes on the structural distinction between case markers and postpositions in the acquisition of Japanese grammar. In *Synchronic and Diachronic Approaches to Language: A Festschrift for Toshio Nakao on the Occasion of His Sixtieth Birthday*, eds. Shuji Chiba et al., 503–507. Tokyo: Liber Press.

Otsu, Yukio. 1994c. Early acquisition of scrambling in Japanese. In *Language Acquisition Studies in Generative Grammar*, eds. Teun Hoekstra and Bonnie D. Schwartz, 253–264. Amsterdam: John Benjamins.

Otsu, Yukio. 2007. *Wh*-island in child Japanese. Paper presented at Keio Workshop on Language, Mind, and the Brain. Keio University, March 18, 2007.

Rizzi, Luigi. 1982. *Issues in Italian Syntax.* Dordrecht: Foris Publications.

Ross, John Robert. 1967. *Constraints on Variables in Syntax.* Doctoral dissertation, Massachusetts Institute of Technology.

Ross, John Robert. 1969. Guess who? In *Papers from the Fifth Regional Meeting of the Chicago Linguistic Society*, eds. Robert I. Binnick, Alice Davison, Georgia M. Green, and Jerry L. Morgan, 252–286. Chicago, Illinois: Chicago Linguistic Society, University of Chicago.

Sachs, Jacqueline. 1983. Talking about here and then: The emergence of displaced reference in parent-child discourse. In *Children's Language, Volume 4*, ed. K. E. Nelson, 1–28. Hillsdale, New Jersey: Lawrence Erlbaum Associates.

Saito, Mamoru. 1985. *Some Asymmetries in Japanese and Their Theoretical Implications.* Doctoral dissertation, Massachusetts Institute of Technology.

Saito, Mamoru. 2007. Notes on East Asian argument ellipsis. *Language Research* 43: 203–227.

Saito, Mamoru, and Duk-Ho An. 2010. A comparative syntax of ellipsis in Japanese and Korean. In *The Proceedings of the 6th Workshop on Altaic Formal Linguistics (WAFL6)*, eds. Hiroki Maezawa and Azusa Yokogoshi, 287–307. Cambridge, Massachusetts: MIT Working Papers in Linguistics.

Sano, Tetsuya. 2002. *Roots in Language Acquisition: A Comparative Study of Japanese and European Languages.* Tokyo: Hituzi Syobo.

笹栗淳子. 1996. 現代日本語における「N のコト」の分析──2 つの用法と「コト」の統語的位置.『九州大学言語学研究室報告第 17 号』pp. 37–45.

Schütze, Carson. 2010. The status of nonagreeing *don't* and theories of root infinitives. *Language Acquisition* 17: 235–271.

Snyder, William. 1995. *Language Acquisition and Language Variation: The Role of Morphology.* Doctoral dissertation, Massachusetts Institute of Technology.

Snyder, William. 2001. On the nature of syntactic variation: Evidence from complex predicates and complex word-formation. *Language* 77: 324–342.

Stowell, Timothy. 1981. *Origins of Phrase Structure.* Doctoral dissertation, Massachusetts Institute of Technology.

Sugisaki, Koji. 2007. The configurationality parameter in the minimalist program: A view from child Japanese. In *Proceedings of the 31st Annual Boston University Conference on Language Development,* eds. Heather Caunt-Nulton, Samantha Kulatilake, and I-hao Woo, 597–608. Somerville, Massachusetts: Cascadilla Press.

Sugisaki, Koji. 2009. On children's *NEEDs.* In *The Proceedings of the Seventh GLOW in Asia,* eds. Rajat Mohanty and Mythili Menon, 225–236. Hyderabad: EFL University Press.

Sugisaki, Koji. 2010. A note on the structure of relative clauses in child Japanese. In *The Proceedings of the 6th Workshop on Altaic Formal Linguistics (WAFL6),* eds. Hiroki Maezawa and Azusa Yokogoshi, 49–57. Cambridge, Massachusetts: MIT Working Papers in Linguistics.

Sugisaki, Koji. 2011. Configurational structures in child Japanese: New evidence. In *Selected Proceedings of the 4th Conference on Generative Approaches to Language Acquisition North America (GALANA 2010),* eds. Mihaela Pirvulescu, Maria Cristina Cuervo, Ana T. Perez-Leroux, Jeffrey Steele, and Nelleke Strik, 241–248. Somerville, Massachusetts: Cascadilla Proceedings Project.

Sugisaki, Koji. 2012. LF *wh*-movement and its locality constraints in child Japanese. *Language Acquisition* 19: 174–181.

Sugisaki, Koji. 2013. Argument ellipsis in acquisition. *Nanzan Linguistics* 9: 147–171.

Sugisaki, Koji. 2015a. Quantifier float and structure dependence in child Japanese. *Language Acquisition.*

Sugisaki, Koji. 2015b. Sluicing and its identity conditions in the acquisition of Japanese. Paper presented at the 40th annual Boston University Conference on Language Development. Boston University, November 13–15, 2015.

Sugisaki, Koji, and Miwa Isobe. 2000. Resultatives result from the Compounding Parameter: On the acquisitional correlation between resultatives and N-N compounds in Japanese. In *Proceedings of the 19th West Coast Conference on Formal Linguistics (WC CFL19)*, eds. Roger Billerey and Brook Danielle Lillehaugen, 493-506. Somerville, Massachusetts: Cascadilla Press.

Sugisaki, Koji, and Keiko Murasugi. 2015a. Scrambling and its locality constraints in child Japanese. Manuscript, Mie University and Nanzan University.

Sugisaki, Koji, and Keiko Murasugi. 2015b. *Wh*-islands in child Japanese revisited. In *BU CLD39 Online Proceedings Supplement*, eds. Elizabeth Grillo, Kyle Jepson, and Maria La-Mendola.

Sugisaki, Koji, and William Snyder. 2002. Preposition stranding and the Compounding Parameter: A developmental perspective. In *Proceedings of the 26th annual Boston University Conference on Language Development*, eds. Barbora Skarabela, Sarah Fish, and Anna H.-J. Do, 677-688. Somerville, Massachusetts: Cascadilla Press.

Sugisaki, Koji, and William Snyder. 2006. The parameter of preposition stranding: A view from child English. *Language Acquisition* 13: 349-361.

Suppes, Patrick. 1973. The semantics of children's language. *American Psychologist* 88: 103-114.

Suzuki, Takaaki, and Naoko Yoshinaga. 2013. Children's knowledge of hierarchical phrase structure: Quantifier floating in Japanese. *Journal of Child Language* 40: 628-655.

Takahashi, Daiko. 1994. Sluicing in Japanese. *Journal of East Asian Linguistics* 3: 265-300.

Takahashi, Daiko. 2008. Noun phrase ellipsis. In *The Oxford Handbook of Japanese Linguistics*, eds. Shigeru Miyagawa and Mamoru Saito, 394-422. Oxford: Oxford University Press.

Takahashi, Daiko. 2014. Argument Ellipsis, anti-agreement, and scrambling. In *Japanese Syntax in Comparative Perspective*, ed. Mamoru Saito, 88-116. New York: Oxford University Press.

Takezawa, Koichi. 1987. *A Configurational Approach to Case Marking in Japanese*. Doctoral dissertation, University of Washington, Seattle.

Thornton, Rosalind. 1990. *Adventures in Long-distance Moving: The Acquisition of Complex Wh-questions*. Doctoral dissertation, University of Connecticut, Storrs.

Thornton, Rosalind. 2008. Why continuity. *Natural Language & Linguistic Theory* 26: 107-146.

索　引

欧　字

CHILDES データベース　　92
medial-*wh* 疑問文　　100
that-trace 効果　　102
UG（普遍文法）　　8
　　——に対する原理とパラメータのアプロ
　　ーチ　　83, 154
UG の起源・進化　　159
verb-particle 構文　　121
wh-copying 構文　　101
wh 移動　　35, 81
　　——を司るパラメータ　　102
wh 疑問文　　34
wh 句　　34
WH の島制約　　47, 49
yes/no 疑問文　　23

あ　行

一致　　80, 145
移動　　34

か　行

階層的な構造　　3
かき混ぜ　　36
格助詞　　16, 27, 80
　　——の脱落現象　　16
下接の条件　　37, 49
含意的普遍性　　8, 79
関係詞節　　108
　　——の構造を司るパラメータ　　113
疑問文標識　　81
虚辞　　89
句　　13
空主語現象　　89
空主語パラメータ　　90

結果構文

結果構文　　121
言語獲得　　2
　　——の論理的問題　　7
　　——の発達的問題　　7
言語経験　　4
厳密な同一性解釈　　142
原理　　9
項　　113, 143
項省略　　143
　　——を司るパラメータ　　144
構造　　3
構造依存性　　26
後置詞　　27, 80
こころ　　4
語順　　80
語用に関する知識　　156
　　——の発達の遅れ　　157
痕跡　　102

さ　行

再帰代名詞　　156
刺激の貧困　　7
島　　35
自由（な）語順　　36, 81, 144, 157
受動態　　69
主要部パラメータ　　83
瞬時的モデル　　165
助動詞　　161
真偽値判断法　　42, 148
数量詞　　26, 156
数量詞遊離　　26
スルーシング　　67
　　——に対する制約　　69
生成文法理論　　4
絶対的普遍性　　7, 79
説明的妥当性　　158

前置詞　80
前置詞埋め込み構文　131
前置詞残留　130
前置詞残留パラメータ　132
前置詞随伴　131
素性継承　163
属格　109

た　行

第三要因　159
代名詞　156
多重主語構文　80
長距離 *wh* 疑問文　98
デフォルト値　86, 114
動作法　30
動詞句　13
動詞句削除　165

な　行

「なぜ」に相当する語に対する制約　61
二項検定　135
二重目的語構文　132
「の」の過剰生成　109
能動態　68

は　行

発話の引き出し法　18, 29, 99
パラメータ　9, 79, 83
　　──からの予測　86
　　──の値　83
　　wh 移動を司る──　102
　　関係詞節の構造を司る──　113
　　空主語──　90
　　項省略を司る──　144

主要部──　83
　前置詞残留──　132
　複合語形成──　123
引き金　91
付加詞　113, 143
複合語形成パラメータ　123
複合名詞　120
複合名詞句制約　37, 49
普遍文法(UG)　8
プラトンの問題　7
文処理能力　92
文法性判断課題　104
ベルベット・モンキー　2
母語獲得　2
母語知識　2
　　──の種均一性　2
　　──の種固有性　4
母語話者　2
補文標識　109

ま　行

ミニマリスト・プログラム　158
名詞複合　120

や　行

遊離数量詞　26
遊離数量詞に対する制約　28
緩やかな同一性解釈　142

ら　行

「理由」の短距離解釈／長距離解釈　112
類推　6
連続循環移動　101

杉崎鉱司

三重大学教養教育機構教授.
1972年生まれ. 2003年コネチカット大学大学院言語
学科博士課程修了. Ph. D. (Linguistics). 三重大学人
文学部講師・准教授・教授を経て，2014年より現職.
専門は生成文法理論に基づく母語獲得研究.
分担執筆した書籍として『言語と哲学・心理学』(朝倉
書店)，『はじめて学ぶ言語学――ことばの世界をさぐ
る17章』(ミネルヴァ書房)，『認知科学への招待2』(研
究社)，*The Oxford Handbook of Japanese Linguistics*
(Oxford University Press)などがある.

はじめての言語獲得――普遍文法に基づくアプローチ

2015年11月19日　第1刷発行

著　者　杉崎鉱司

発行者　岡本　厚

発行所　株式会社　岩波書店
　　　　〒101-8002 東京都千代田区一ツ橋2-5-5
　　　　電話案内 03-5210-4000
　　　　http://www.iwanami.co.jp/

印刷・三秀舎　製本・松岳社

© Koji Sugisaki 2015
ISBN 978-4-00-005839-1　　Printed in Japan

Ⓡ〈日本複製権センター委託出版物〉　本書を無断で複写複製
(コピー)することは，著作権法上の例外を除き，禁じられてい
ます．本書をコピーされる場合は，事前に日本複製権センター
(JRRC)の許諾を受けてください．
JRRC　Tel 03-3401-2382　http://www.jrrc.or.jp/　E-mail jrrc_info@jrrc.or.jp

我々はどのような生き物なのか ――ソフィア・レクチャーズ	ノーム・チョムスキー 福井, 辻子編訳	四六判 222 頁 本体 1800 円
チョムスキー 言 語 基 礎 論 集	福井直樹編訳	菊判函入 460 頁 本体 6500 円
統 辞 構 造 論 付『言語理論の論理構造』序論	ノーム・チョムスキー 福井, 辻子訳	岩 波 文 庫 本体 1140 円
生 成 文 法 の 企 て	ノーム・チョムスキー 福井, 辻子訳	岩波現代文庫 本体 1480 円
言 語 の レ シ ピ ――多様性にひそむ普遍性をもとめて	マーク・C. ベイカー 郡 司 隆 男 訳	岩波現代文庫 本体 1420 円
言 語 か ら 認 知 を 探 る ――ホモ・コンビナンスの心	セドリック・ブックス 水 光 雅 則 訳	A5 判 374 頁 本体 3800 円
言 語 は ど の よ う に 学 ば れ る か ――外国語学習・教育に生かす第二言語習得論	ライトバウン, スパダ 白井, 岡田訳	A5 判 284 頁 本体 2800 円
こ と ば の 意 味 と は な ん だ ろ う ――意味論と語用論の役割	今 井 邦 彦 西 山 佑 司	A5 判 324 頁 本体 4000 円
〈そうだったんだ！ 日本語〉 子 ど も の う そ, 大 人 の 皮 肉 ――ことばのオモテとウラがわかるには	松 井 智 子	B6 判 246 頁 本体 1600 円
〈もっと知りたい！ 日本語〉 言い間違いはどうして起こる？	寺 尾 康	B6 判 204 頁 本体 1800 円

―――――――― 岩 波 書 店 刊 ――――――――

定価は表示価格に消費税が加算されます
2015 年 11 月現在